新时代教育高质量发展书系
XINSHIDAIJIAOYUGAOZHILIANGFAZHANSHUXI

形象的力量

教师的形象何以价值千万

林 涛◎著

中国大百科全书出版社　知识出版社

图书在版编目（CIP）数据

形象的力量：教师的形象何以价值千万 / 林涛著.--
北京：知识出版社，2020.5
（新时代教育高质量发展书系）
ISBN 978-7-5215-0139-1

Ⅰ．①形… Ⅱ．①林… Ⅲ．①教师—修养—研究
Ⅳ．①G451.6

中国版本图书馆CIP数据核字（2020）第015842号

形象的力量：教师的形象何以价值千万　　　　林　涛　著

出 版 人	姜钦云
出版统筹	张京涛
产品经理	郭文婷
责任编辑	王云霞
特约编辑	庞冬冬
装帧设计	李　谈
出版发行	**知识出版社**
地　　址	北京市西城区阜成门北大街 17 号
邮　　编	100037
电　　话	010-88390659
印　　刷	阳信县卓越盛达印务有限公司
开　　本	710mm×1000mm 1/16
印　　张	14.25
字　　数	172 千字
版　　次	2020 年 5 月第 1 版
印　　次	2020 年 7 月第 2 次印刷
书　　号	ISBN 978-7-5215-0139-1
定　　价	40.00 元

序

　　教育是关乎千家万户的事业，任何一个社会，都需要教育思想的引领。时代在变，教育也在变。然而，变中也有"不变"，所以，我们要对教育进行哲学的思考，只有搞清楚了哪些需要变，哪些不能变，才能真正做好教育。而教育的本质是什么，什么是好的教育，理想的教育是什么样的，这些最基本的教育问题应是教育哲学思考的源头。只有弄清楚这些最基本的问题，我们才能找到正确的方向，办出有质量的教育。

　　教育是培养人的事业，是一个通过培养人让人类不断走向崇高、生活更加美好的事业。因此，教育最重要的任务是塑造美好的人性，培养美好的人格，使学生拥有美好的人生。如何达成这样的目标？那就需要一批有理想、有情怀、有追求、有实干精神的校长和教师，用自己的青春和智慧去践行。而在现实中，也确实有这样一群人，他们热爱教育事业，关爱每一个学生，一步一个脚印，用脚去丈量教育，用心去感受教育，用智慧去点亮教育。

　　如何将这样一群人聚在一起，用他们的智慧去影响更多的教师？

　　知识出版社策划出版了"新时代教育高质量发展书系"，进行了可贵的探索。他们在全国范围内汇聚了60名优秀的教育工作者，这些教育工作者大多是扎根教育一线的优秀校长和教师。书中的经验、实践、体会和思想，既有教学的艺术，也有管理的智慧；既有育人的技巧，也有师德的弘扬；既有教师的发展思考，也有校长的成长感悟；既有师生关系的融通之术，也有家校关系的弥合之道。60本书，60个点，每一个点都是一门学问，一门艺术。

我今年给"新教育"的同人写过一封新年信，题目是"让教育沐浴人性的光辉"，从三个方面对教师的工作提出了建议。我也把这三条建议送给这套丛书的作者和读者朋友。

一是要善待我们自己。要珍惜时间，张弛有度，让人生丰盈；发现教师职业魅力，做一个善于享受教育生活的人；培养健康的爱好，做一个有生活情趣的人；与学生一起成长，做一个在教育过程中不断进取的人；不断挑战自我的最高峰，做一个创造自己生命传奇的人。

二是要善待学生。要把学生作为一个真正的人看待，让学生能够张扬自己的个性，发挥自己的潜能，成为更好的自己。在我们教室里的学生，首先是活生生的生命。我们应该从生命的角度考虑，首先是如何帮助他成为一个人，一个有理想、有激情、有智慧的人，一个能够适应社会并且受人欢迎的人，一个挖掘自身潜能、张扬不同个性的人。

三是要把教育的温暖传递给社会。许多问题，归根结底是教育的问题。尽管我们任何一个人，作为个体的力量都是有限的，但是，再渺小的个体，也能够温暖身边的人。所以，我们要让所有和我们相遇的人，都能够感受到我们的美好和温暖，这也是让人与人之间，让全社会变得更美好、更温暖的有效方式。

有人性的人是明亮的，有人性的教育是光明的。让教育沐浴人性的光辉，我们的今天将会更加幸福，我们的明天将会更加美好，我们的世界将会因此璀璨。

是以为序。

朱永新

2020 年 5 月 1 日

目　录

第一章

教师的职业道德

第一节　爱岗敬业

一、爱岗敬业的概述

任何一种职业，都要求从业者具有一定的责任心与责任感。正如马克思所言："作为确定的人、现实的人，你就有规定、就有使命、就有任务，至于你是否意识到这一点，那都是无所谓的……如果你不给自己指定某种使命、某种任务，你就不能生活，不能吃饭，不能睡觉，不能走动，不能做任何事情。"相对于教师而言，爱岗敬业是教师神圣的职责，也是对教师职业道德的本质要求。

翻开中外教育历史的画卷，爱岗敬业始终是教师职业道德的一个重要组成部分，也是成就名师、教育家与大师的内在影响要素之一。大教育家孔子不仅发出"诲人不倦"的感叹，而且始终以教育为己任。据史书记载，孔子一生以教学为己任，在孔子全部的教育活动中都蕴含着对教育事业的无限热爱，恰如其著名弟子所描述的那样："仰之弥高，钻之弥坚，瞻之在前，忽焉在后。夫子循循然善诱人，博我以文，约之以礼，欲罢不能。既竭吾才，如有所立卓尔。虽欲不从，未由也已。"也正是这种责任心与责任感的力量，促使他在困于陈蔡"不得行，绝粮。从者病，莫能兴"的艰难时刻，仍"讲诵弦歌不衰"；在离曹去宋途中，有人要杀自己的过程中，仍"与弟子习礼大树下"，甚至在临去世前的七天他还坚持教学，"谓子贡曰：天下无道久矣，莫能宗予"。其鞠躬尽瘁、献身教育之赤心，由此可见一斑！

北京实验一小著名特级教师王企贤不仅提出了"作为一名人民教师，应该成为两头点燃的蜡烛，多做工作，照亮更多的人"，而且默默耕耘于教育园地五十七载。他说："作为一个教育孩子的启蒙老师，我感到无比骄傲和自豪。"正是这种爱岗敬业的精神使王企贤老师无论是在叱咤讲坛的顺境里，还是在被剥夺教育权利的逆境中，都能够做到视教育为天职。可见，爱岗敬业既是教师的职责，又是教育的本质要求。

什么是责任？歌德认为："责任就是对自己要求去做的事情有一种爱。"《汉语大词典》解释为：1. 使人担当起某种职务和职责。2. 谓分内应该做的事。3. 做不好分内应做的事，因而应该承担的责任。相对于教师的责任而言，责任是一种职责。教师的职责，就是在教育职业生涯中必须履行的责任。这种职责既是职务规定教师必须履行的责任，又是一种职业责任。教师职责包括：有责，是指身为教师就具有了教师这个职业必须履行的职业义务。负责，是指身为教师必须承担起教师应该承担的责任与义务。问责，是指没有做好教师必须做好的分内的事情而必须承担的责任。概括起来，爱岗敬业就是要求教师对自己从事的本职工作必须具有强烈的责任心、责任感。

从学生发展的视角看，教师爱岗敬业是学生健康发展的前提，是促进学生德智体美劳等诸方面发展的基本条件，是教书的基础，是育人的前提。正如陶行知先生所要求的那样，教师不仅要"知责任，明责任，负责任"，而且要"先生不应该专教书，他的责任是教人做人"。

从教师发展的视角看，一方面，爱岗敬业是教师职业道德的本质要求。没有爱岗敬业就没有教师的自我发展，而没有教师的发展就没有学生的发展。另一方面，爱岗敬业是教师专业素养的本质要求。可以想象一下，一个连教育都不爱的人，怎么会去关爱学生？怎么会去培育人才？俄国文学家列夫·托尔斯泰曾经指出："如果教师只爱事业，那他会成为一个好教师。如果教师只像父母那样爱学生，那他会比那种通晓书本，但既不爱事业，又不爱学生的教师好。如果教师既爱事业又爱学生，那他才是一个完美的教师。"

二、爱岗敬业的解读

（一）爱岗敬业是教师职业道德的本质要求

所谓敬业，就是专心致志于自己的本职工作。什么是敬？宋代著名教育家朱熹从两个视角对"敬"进行了阐释：从积极的视角看，"主一无适便是敬"。用现在的话说，凡做一件事便忠于一件事，并将全部精力集中到这件事上，就是敬。从消极的视角看，"敬者何？不怠慢，不放荡之谓也"，意指从事任何工作都不能懈怠，不能懒惰，不能有意不积极工作，不能放纵。同时，朱熹还进一步从有事与无事两种情况对"敬"加以解读："无事时，敬在里面；有事时，敬在事上。有事无事，吾之敬未尝间断。"敬业就是恪尽职守、兢兢业业、勤勤恳恳、任劳任怨，就是"干一行，钻一行"。

所谓爱岗，就是热爱自己的工作岗位，就是"干一行，爱一行"。梁启超先生曾经对此有过非常深刻的论述："凡职业都是有趣味的，只要你肯继续做下去，趣味自然会发生。为什么呢？第一，因为凡一件职业，总有许多层累、曲折，倘能身入其中，看他变化进展的状态，最为亲切有味；第二，因为每一职业之成就，离不了奋斗，一步步地奋斗前去，从刻苦中得快乐，快乐的分量增加；第三，职业的性质常常要与同业的人竞赛，好像球一样，因竞胜而得快乐；第四，专心做一职业时，把许多游思妄想杜绝了，省却无限闲烦恼。"一个职业，你将其作为苦差事去做是做，作为一件乐事去做也是做。将其作为苦差事去做，越做越苦；将其作为乐事去做，越做越乐。

爱岗与敬业是辩证统一的关系，敬业是爱岗的基础，爱岗是敬业的升华，没有敬业不可能爱岗。

（二）忠诚于人民教育事业，志存高远，勤恳敬业，甘为人梯，乐于奉献

在这一层次中，忠诚于人民的教育事业是爱岗敬业的总要求。所谓忠诚，就是"人们对某人，某种理想，某种职业，某个国家、政府或组织等的忠实状态或程度"。其中，"忠"就是全心全意，殚精竭虑；"诚"就是脚踏实地，诚心诚意。忠诚于人民的教育事业，就是既要对自己从事的教育事业认真负责，又要甘于付出、乐于奉献。它是职业忠诚在教师职业道德规范上的反映。一家全球人力资源管理服务和咨询公司曾经将职业忠诚划分为三个层次：第一是乐于宣传层次，就是组织机构内的员工经常会对同事与可能的同事、现实的与潜在的客户说组织的好话。第二是愿意留下层次，就是具有愿意留在组织内的强烈愿望与行为。第三是全力付出层次，就是员工工作非常投入，并愿意付出额外的劳动，以促进组织走向成功。显然，理想的教师职业道德要求教师必须逐渐提高自己的职业忠诚层次。

志存高远，就是要求教师必须树立远大的职业理想。何谓理想？《现代汉语词典》的解释是："对未来事物的想象或希望（多指有根据的、合理的，跟空想、幻想不同）。"职业理想则是从事教育工作所应有的合理的想象或希望，即职业志向与抱负。心理学研究表明，一个人的职业理想深深地影响着一个人对未来的憧憬和努力方向。理想是人内在的动力，是人体内部的发动机。教师只有具有了良好的职业理想，才会产生发自内心的教育热情，努力工作、勤奋探索，做出一流的业绩，取得最佳的绩效，成为真正为人们所尊敬的人类灵魂的工程师。

勤恳敬业，就是要求中小学教师在从事自己的职业劳动时务必做到两点：一是勤恳。就是尽量多做或不断地做，并做到工作

切合实际，不浮躁。其实，这是对中小学教师工作态度的一种要求。纷纭复杂的教育任务、生龙活虎的学生，这些都要求一名教师必须在工作岗位上辛勤工作、努力进取、脚踏实地、实事求是。二是敬业。何谓敬？《说文解字》界定为"肃也"；《释名》解释为"警也，恒自肃警也"；《玉篇》定义为"恭也，慎也"。可见，敬具有肃、警、慎、恭四种含义。简而言之，敬业事实上就是要求从业者必须对所从事的职业持一种严肃、警戒、慎重、恭敬的态度。对教师而言，就是要求每位教师都必须对自己从事的教育工作持一种严肃、认真、慎重、敬畏、恭敬与警醒的态度。这种态度需要教师专心致志，需要教师心无旁骛，需要教师谨慎对待，需要教师恭恭敬敬。

甘为人梯，乐于奉献，就是要求教师必须具有奉献精神。其中，甘为人梯是一种形象比喻。一是形容中小学教师像一架由一个又一个教师搭成的人梯一样，让自己的学生踩着自己的肩膀朝着科学技术的高峰继续攀登。二是要求中小学生必须做到荀子所说的"青，取之于蓝，而青于蓝"，即必须超过自己的教师。乐于奉献则是一种直白的表达，其中的"奉献"有两种含义：一是动词。强调中小学教师要将自己的知识、品行、智慧甚至生命等无私地交付给祖国、传递给学生的行为。二是名词。强调中小学教师无私付出的东西。例如知识、品行、智慧等。

（三）对工作高度负责，认真备课上课，认真批改作业，认真辅导学生

在这一层次中，对工作高度负责是爱岗敬业的总要求。毛泽东曾在《纪念白求恩》一文中号召人们要学习白求恩"对工作的极端的负责任，对同志和人民的极端的热忱"。其中，对工作的极端的负责任就是对白求恩大夫敬业精神的一种高度赞扬。应该指出的是，伴随着中小学教师年龄的走低、学历的走高，教师的

责任心与责任感等却存在下降的趋势，这是亟待解决的一个问题。这是因为教师这个职业具有与其他任何职业都不同的特点：一是教师的工作对象是活生生的、正在成长中的儿童和青少年学生。二是教师主要是以自己的品行、知识、智慧、人格等去影响莘莘学子。三是教育工作不允许教师生产"次品、废品"。四是中小学教育是未来导向教育，即主要为未来社会培养人才。五是教育职业要求育人必先育己。正如著名特级教师于漪老师所言："教师的责任非比寻常，它寄托着祖国的期望，人民的嘱托。国家将自己的未来，托付在教师肩上，这是对我们教师极大的信任；家家户户把自己的希望，交付给教师培养，这是对我们教师的高度信赖。教师的责任大如天，使命重如山，一个肩膀挑着学生的现在，一个肩膀挑着祖国的未来。今天的教育质量，就是明天的国民素质。"

认真备课上课，就是要求教师做好自己从事的主要工作：教学。其中，备课是上课的基础，上课是备课的展现。因此，一名教师真正履行爱岗敬业要做到以下几点：

1. 必须在备课上下足功夫。"台上一分钟，台下十年功""凡事预则立，不预则废"，这些名言警句都在某个方面强调了备课的重要性。中小学教师在备课方面既要重视显性备课，又要重视隐性备课。所谓显性备课，就是教师从坐下来开始撰写某课教案到该课教案修改完毕而进行的一系列教学准备，这种显性备课是看得见、摸得着的一种备课。所谓隐性备课，则是教师为了达到多快好省的教学理想而进行的一系列准备工作的总称。从时间上看，隐性备课较显性备课时间长得多；从功夫上看，隐性备课较显性备课下功夫要多得多。例如，老一辈无产阶级革命家中有一位著名的教育家，人称"铁嘴恽代英"。其实恽代英在刚开始执教时不仅讷讷不能言，而且有些口吃。为了矫正自己口吃的毛病，恽代英每天早晨都要怀揣"两件宝"：一块鹅卵石与一面小镜子。他爬上广州著名的越秀山，掏出小镜子树上一挂，口含鹅卵石练习演讲。经过不懈努力，练就了著名的"铁嘴"，成为著名的教育家。这一故事告诉我们，课上的精彩源于课下日积月累的功夫，缘于课前精心的准备。"木体实而花萼振"这一出自《文心雕龙·情采》的精彩句子，完全可以用来解释备课与上课的关系。备自己、备学生、备内容、备教法、备学法、备情感、备语言、备教具等"八备"，是对教师认真备课的具体要求。

2．必须在上课时控制节奏。上课是备课的展现。课究竟备得如何？关键要看上课。一名爱岗敬业的教师必须做到：一是亮相精彩；二是启讲激趣；三是高潮迭起；四是余音绕梁。在教学控制上做到动静相生，在教学过程上做到起伏有致，在教学内容上做到详略得当，在教学语言上做到抑扬顿挫，在教学发挥上做到收放自然，在教学情感上做到浓淡适度，在教学机制上做到随机应变，在教学起始上做到了首尾呼应，在教学手段上做到灵活多样。

3．必须认真对待作业。在"模仿→独立→创新→特色→个性"这一风格形成的过程中，塑造自己独特的教学艺术风格。

认真批改作业就是要求教师慎重地对待作业，作业就是教师给学生布置的功课。这里所说的认真批改作业包括：

（1）认真布置作业。应该特别指出的是，现在许多教师在布置作业方面存在随意、随便、随口、随心等现象，违背布置作业的科学规律，这是必须矫正的一个问题。例如，某校三年级语文教师有一天在布置作业时突发奇想，要求学生回家每人写一篇500字的作文，结果全班学生一半是边哭边写，平均用时3个小时以上才完成了这篇作文；另一半学生则由家长操刀代笔完成。作业该不该布置？布置什么作业？布置多少作业？布置作业有无变式？这些都需要教师刻意准备、精心布置。布置作业应按教学规律，做到：一是依据课标教材，体现布置意图；二是明确教学目标，突出作业重点；三是强化针对意识，注重作业质量；四是作业形式多样，激发学生的兴趣；五是加强创新意识，克服思维定式；六是结合实际操作，加深理解意义；七是学习编题技巧，掌握解题规律；八是掌握作业时间，控制作业密度；九是重视作业技巧，处理好七对关系：量与质、易与难、扶与放、统与分、死与活、课内与课外、主动与被动。

（2）认真批改作业。作业在收上来之后，教师必须认真批改。认真批改作业，一是可以充分了解学生掌握知识的情况以及学生发展的情况等，以便因材施教；二是可以发现自己教学上的问题，以便及时矫正；三是可以作为一种激励学生的手段，以促进学生向前发展。目前，我国广大的中小学教师已经创造了许多行之有效的批改方法：重点批改、当面批改、小组批改、全批全改、只批不改、只改不批、同桌互改、符号批改、典型批改、自批自改等。有的教师还创建了《作业批改录》，这种《作业批改录》清晰明了，一是可以抓住作业中的主要问题，二是可以发现作业中的特殊问题，既有利于教，也有助于学。

（3）认真讲评作业。现在有的教师将作业批改完后一发了事，不予讲评，这是很不好的习惯。从根本上说，布置作业最终目的是通过学生的练习，掌握必须掌握的知识、技能等，作业批改是对学生掌握情况的了解与反馈。作业讲评就是教师在课堂上针对全体学生在作业上的共性问题进行的讲述与评论，概括起来，比较好的讲评有综合讲评、专题讲评、典型讲评、对比讲评、展览讲评等。

认真辅导学生，这是对工作高度负责这一总要求的适当扩展。

众所周知，日前我国中小学采取的主要教学组织形式是班级授课制。这种教学组织形式尽管存在有利于扩大教学规模、提高教学效益之利，也因此存在难以进行因材施教、教学进度划一等弊端。为此，人们不得不在实行班级授课制的前提下创造了一些新的形式，如分层教学、小先生制、合作教学、分组教学、走班制等。诚如《国际教育大百科全书》所言："近几十年来，教育革新最积极的领域之一是个别化教学。在全世界的教育环境中，一种适合学习者个别差异的愈来愈多样化的技术已经发展起来。"然而，这些改革都难以完全弥补班级授课制的欠缺。因此，教师必须在关注每个学生发展的前提下，一是注意对学习困难的学生特别予以关照，因为他们是"吃不了"的学生，特别需要教师的帮助与指导；二是注意对学习优秀学生的辅导，因为他们是"吃不饱"的学生，特别需要教师引领其快速成长；三是注意对特长学生的引导，因为他们具有特殊的爱好、特长等，教师只要能够在其特长领域加以适当引导与帮助，就有可能助推其对某门学科产生浓厚的学习兴趣，并有所发明、有所成就。

（四）不得敷衍塞责

所谓敷衍塞责，就是做事不负责任，只做表面上的应付，一旦出现了问题又把自己应负的责任推给别人。这是对爱岗敬业的底线规定，要求教师不得违背；一旦违背，则予以行政处分或解聘处理。从法律的视角分析，身为一名教师，就拥有了教育赋予的责任，即有责；必须担负起教师应尽的责任，履行教师应尽的义务，即负责；必须勇于承担没有做好自己身为教师职责范围的事情而必须承担的责任，即问责。《中华人民共和国教师法》第三十七条明确规定："教师有下列情形之一的，由所在学校、其他教育机构或者教育行政部门给予行政处分或解聘。"其中，第一条即为"故意不完成教育教学任务和教育教学工作造成损失的"。工作敷衍了事、出工不出力、消极怠工、积极推诿，这对学生本人而言，轻则影响学生一门学科的发展，重则影响学生一生的发展；对家庭而言，轻则造成家庭的不和谐，重则造成家庭分崩离析；对社会而言，轻则增加社会负担，重则养虎为患。

【案例】

敬业与乐业

我这题目，是把《礼记》中的"敬业乐群"和《老子》中的"安其居，乐其业"这两句话断章取义造出来。我所说是否与《礼记》《老子》原意相合，不必深究，但我确信"敬业乐业"四个字是人类生活的不二法门。

本题重点自然是在"敬""乐"二字，但必先有业，才有可敬、可乐的主体，理至易明。所以在讲演正文以前，先要说说有业之必要。

孔子说："饱食终日，无所用心，难矣哉！"又说："群居终日，言不及义，好行小慧，难矣哉！"孔子是一位教育大家，他心目中没有什么人不可教诲，独独对于这两种人摇头叹气，可见人生一切毛病都有药可医，唯有无业游民，虽大圣人碰着他，也没有办法。

唐朝有一位名僧叫百丈禅师，他常常用两句格言教训弟子，说道："一日不做事，一日不吃饭。"他每日除上堂说法之外，还要自己扫地、擦桌子、洗衣服，直到八十岁，日日如此。有一回，他的门生想替他服劳，把他本日应做的工悄悄地都做了。这位言行相顾的老禅师，那一天便不肯吃饭。

我征引儒门、佛门这两段话，不外乎证明人人都要有正当职业，人人都要不断地劳作。倘若有人问我："百行什么为先？万恶什么为首？"我便一点不迟疑答道："百行业为先，万恶懒为首。"没有职业的懒人，简直是社会上的蛀米虫，简直是"掠夺别人勤劳结果"的盗贼。我们对于这种人，是要彻底讨伐，万不能容赦的。有人说："我并不是不想找职业，无奈找不出来。"我说，职业难找，原是现代全世界的普遍现象，我也承认。这种现象应该如何救济，是另一个问题，今日不必讨论。但以中国现在情形论，找职业的机会依然比别国多得多。一个精力充沛的壮年人，倘若不是安心躲懒，我敢信他一定能得到相当职业。今日所讲，专为现在有职业及现在正做职业上预备的人——学生——说法，告诉他们对于自己现有的职业应采取何种态度。

第一要敬业。"敬"字为古圣贤教人做人最简易直接的法门，可惜被后来有些人说得太精微，倒变得不实用了。唯有朱子解得最好，他说："主一无适便是敬。"用现在的话讲，凡做一件事，便忠于一件事，将全部精力集中到这件事上头，一点不旁骛，便是"敬"。业有什么可敬呢？为什么该敬呢？人类一面为生活而劳动，一面也是为劳动而生活。人类既不是上帝特地制来充当消化面包的机器，自然该各人因自己的地位和才力，认定一件事去做。凡可以名为一件事的，其性质都是可敬。当大总统是一件事，拉黄包车也是一件事。事的名称从俗人眼里看来有高下，事的性质从学理上解剖起来并没有高下。只要当大总统的人信得过我，可以当大总统时才去当，实实在在把总统当作一件正经事来做；拉黄包车的人信得过我，可以拉黄包车时才去拉，实实在在把拉车当作一件正经事来做。这便是人生合理的生活，这叫作职业的神圣。凡职业没有不是神圣的，所以凡职业没有不是可敬的。唯其如此，所以我们对于各种职业，没有什么分别拣择。总之，人生在世是要天天劳作的，劳作便是功德，不劳作便是罪恶。至于我该做哪一种劳作呢？全看我的才能何如、境地何如。因自己的才能、境地，做一种劳作做到圆满，便是天地间第一等人。

怎样才能把一种劳作做到圆满呢？唯一的秘诀就是忠实，从心理上表现出来便是"敬"。庄子谈到佝偻丈人承蜩的故事，说道："虽天地之大，万物之多，而唯吾蜩翼之知。"凡做一件事，便把这件事看作我的生命。我信得过我当木匠的做成一张好桌子，和你们当政治家的建设成一个共和国家同一价值；我信得过我当挑粪的把马桶收拾得干净，和你们当军人的战胜一支压境的敌军同一价值。大家同是替社会做事，你不必羡慕我，我不必羡慕你。怕的是我这件事做得不妥当，便对不起这一天所吃的饭。所以我做这件事的时候，丝毫不肯分心到事外。曾文正说："坐这山，望那山，一事无成。"我从前看见一位法国学者做的书，比较英法两国国民的性质，他说："到英国人公事房里头，只看见他们埋头执笔做他的事；到法国人公事房里头，只看见他们衔着烟卷像在那里出神。英国人走路，眼注地上，像用全副精神关注在走路上；法国人走路，总是东张西望，像不把走路当一回事。"这些比较是否确切，姑且不论，但很可以为敬业两个字下注脚。如果如他们所说，英国人便是敬，法国人便是不敬。一个人对于自己的职业不敬，从学理方面说，便是亵渎职业之神圣；从事实方面说，一定把事情做糟了，结果自己害自己。所以敬业于人生最为必要，又于人生最为有利。庄子说："用志不分，乃凝于神。"孔子说："素其位而行，不愿乎其外。"所说的敬业，不外乎这些道理。

第二要乐业。"做工好苦呀！"这种叹气的声音，无论何人都会常在口边流露出来。但我要问他："做工苦，难道不做工就不苦吗？"今日大热天气，我在这里喊破喉咙来讲，诸君扯直耳朵来听，有些人看着我们好苦；翻过来，倘若我们去赌钱、去吃酒，还不是一样劳神费力？难道又不苦？须知苦乐全在主观的心，不在客观的事。人从出生的那一秒钟起，到咽气的那一秒钟止，除了睡觉以外，总不能把四肢五官都搁起不用。只要一用，不是劳神，便是费力，劳苦总是免不掉的。会打算盘的人，只有从劳苦中找出快乐来。我想天下第一等苦人，莫过于无业游民，终日闲游浪荡，不知把自己的身子和心子摆在哪里才好，他们的日子真难过。第二等苦人，便是厌恶自己本业的人，这件事分明不能不做，却满肚子里不愿意做。不愿意做就逃得了吗？到底不能。结果还是皱着眉头，哭丧着脸去做。这不是专门自己替自己开玩笑吗？我老实告诉你一句话："凡职业都是有趣味的，只要你肯继续做下去，趣味自然会发生。"为什么呢？第一，因为凡是职业，总有许多层累曲折，倘能身入其中，看它变化进展的状态，最为亲切有味。第二，因为每一职业之成就，离不了奋斗，一步一步地奋斗前去，从刻苦中得到快乐，快乐的分量增加。第三，职业的性质常常要和同业的人竞争，好像赛球一般，因竞胜而得快感。第四，专心做一种职业时，把许多游思妄想杜绝了，省却无限闲烦闷。孔子说："知之者不如好之者，好之者不如乐之者。"人生能从自己的职业中领略出趣味，生活才有价值。孔子自述生平："其为人也，发愤忘食，乐以忘忧，不知老之将至云尔。"这种生活，真算得人类理想的生活了。

我生平受用的有两句话：一是责任心，二是趣味。我自己常常力求这两句话之实现与调和，常常把这两句话向我的朋友强聒不舍。今天所讲，敬业即是责任心，乐业即是趣味。我深信人类合理的生活应该如此，我望诸君和我一同受用！

这是著名教育家、思想家梁启超先生关于敬业与乐业的一次讲话。在这个讲话中，梁启超先生不仅回答了何谓业、何谓敬业、何谓乐业，而且进一步将敬业阐释为责任心，将乐业解释为趣味。在其另一篇文章《教育家的自家田地》中，他又进一步指出："教育家日日做的、终身做的不外乎两件事：一是学，二是诲人。学是自利，诲人是利他。人生活动的目的，除却自利、利他两项，更有何事？然而从事别的职业的人，往往这两件事当场冲突——利得他人便不利自己，利得自己便不利他人。就算不冲突，然而一种活动同时具备这两方面效率者，实在不多。教育这门职业却不然，一面诲人，一面便是学；一面学，一面便拿来诲人。两件事并作一件做，形成一种自利、利他不可分的活动。"可见，敬业是乐业的前提，乐业是敬业的升华。

【案例】

像马修这样睿智的老师

看过法国电影《放牛班的春天》之后，我久久不能忘记。

"放牛班"的意思是"非正规"或"成绩差"的班级。这个班的成员都是社会的弃儿，家长管不了他们，传统学校怕他们带坏了其他孩子，于是就把他们集中到这里来。偷窃、撒谎、打架、恶作剧都是常见的事情。在这个班里，孩子们被严厉无情地对待，一人犯错要全校"连坐"，甚至连吃饭时老师都要看着他们。学生难管，老师因工作没有快乐流失得很厉害。

马修老师热爱音乐，却无法以音乐谋生，于是他来应聘舍监工作。他来到这里仅仅是为了饭碗，没有想过什么伟大的改造工作。但孩子们灰色沉重的现状，让他震惊，他无法容忍这一切。

一个偶然的契机，他发现读书、写字困难的孩子们居然能自由地歌唱，于是他利用自己的特长组建了一个合唱团。最终孩子们用天籁般的歌声感动了自己，感动了周围的老师和校长，也改变了这个原本阴冷的世界。

电影里好多细节让我这个当老师的非常感动。比如马修在组建合唱团的时候，需要确定声部和高音、低音。其中有两个孩子根本不会唱歌，他很自然地对矮个子的孩子说："你，做我的助理。"对高个子的孩子说："你，做乐谱架。"所谓的助理就是坐在马修身后的桌子上，给老师递东西；乐谱架就是拿着乐谱，他的高度正好让马修看到乐谱。我不由得惊叹马修老师的智慧。他给了我们一个启示：面对全体学生，要让每一个学生找到自己的位置，而不是勉为其难。

在电影中，有一个叫皮耶尔的学生，他的歌喉犹如天籁一般明净优美，连马修老师也常常惊叹不已。但皮耶尔由于生活在单亲家庭，性格特别敏感多疑，内心对这个世界充满了仇恨，不懂得感激和为别人着想。仅仅因为怀疑马修老师在向母亲献殷勤，就不顾马修老师平日对他的爱护，将墨水扔到马修老师头上，令他异常难堪。其实，马修老师正在劝他母亲将他送到音乐学校以发展其天赋。

不懂得尊重和感激，将让天才走进死胡同。马修老师决定"修理"皮耶尔。到了照常训练的时间，马修和大家事先约定好取消了皮耶尔的独唱部分，并告诉他："没有你，我们一样做得到。"皮耶尔愤怒地离开了，但他无法对合唱团的歌声无动于衷。当合唱团第一次演出时，皮耶尔郁郁寡欢地守在旁边。没想到，到了原来该他独唱的部分，大家都停了下来，马修老师示意他开口唱歌。他又惊又喜地唱了起来，心中第一次充满了感激和快乐。

后来，皮耶尔的母亲听从了马修老师的忠告，带着皮耶尔离开这里，去了音乐学校，最终皮耶尔成了一位享有盛名的音乐家。

马修老师用实际行动教训了皮耶尔，也告诉了我们，正视尖子生，可以给他更大的发展空间。

电影中还有一个细节，涉及惩罚学生的问题。老校工因为学生的恶作剧受了重伤，马修老师查明是谁干的之后，向肇事者担保，不让校长知道，但要去照顾老校工。马修老师告诉老校工，这个学生是自愿要来照顾他的，这让老校工非常感激。学生害怕严厉无情的校长的惩罚，但照顾老校工这个活也并不轻松。同时面对着自己造成的可怕伤口和受害者真诚的赞美，这种折磨让他再也不觉得恶作剧是件好玩的事情了。马修既惩罚了学生，又帮助他认识到了可怕的后果。

反观我们的教育，缺少的就是这种有效的惩罚。我们对学生谆谆告诫，不要这样，不要那样，可是学生年龄小、阅历浅，不明白做了错事的后果会怎么样。直到他们受到生活的惩罚之后，才知道老师当初的苦口婆心。

我非常希望像马修这样睿智的、宽容的老师能多一些，那样，孩子们就有福了。

在《放牛班的春天》中，本来马修应聘的只是舍监的工作，他来到这里工作也只是为了解决吃饭问题。可是当看到放牛班学生一个个在发展上的问题时，他没有无动于衷，而是大为震惊，并开始了他的充满睿智与艺术的改造教育之路。在组建合唱团的过程中，他安排两个根本不会唱歌的孩子：矮个子的孩子做助理，高个子的孩子做乐谱架；安排歌喉优美的皮耶尔担任独唱部分。什么是敬业？这就是敬业。敬业就是对所有学生负责，对学生的一生负责。身为一名教师，就有责任，就有义务，就有职责。恪尽职守，尽职尽责，这是教师必须遵守的师德要求。

三、爱岗敬业的三种修为

态度是个体后天习得的对某一对象所持的一种相对稳定而持

久的行为倾向，它与个体的理想、立场、需要等密切相关，是在日常生活中由具体的情境性的刺激与强化所形成的。从业态度则是从业者后天习得的对本职工作所持的一种相对稳定而持久的行为倾向。教师的爱岗敬业就是对教师从业态度的规定，概括起来，教师爱岗敬业存在层次差异：

（一）教师爱岗敬业修为之一：敬业

"敬业"一词，源于《礼记·学记》篇的"敬业乐群"。其中，敬业就是专心致志于本职工作并将其做好，就是在本职工作中尽心尽力、尽职尽责、尽自己应尽的义务，即法律责任。相对于教师而言，敬业就是教师尽自己应尽的教育义务。其中，责任心是教育义务的内化情感表现，教育良心则是教育义务的内化道德形态。

责任心又称责任感，具体是指自觉地把自己分内的事做好，要求教师把遵循职业道德规范看作内在的道德需要，看作自身对社会必须履行的使命、责任与义务。教师的责任心在于把做好本职工作当成自身不可推卸的责任，当成教育的天职。在教师的本职工作中，一名教师应该知道自身的责任是什么，应该知道怎样履行自己的责任，并完成自己的责任。具体而言，教师的责任心就是对社会负责、对人民负责、对家长负责、对学生负责、对自己负责。

教育良心是在教育实践过程中逐渐形成的，在履行职业义务时由多种道德心理要素结合而形成的道德责任感与自我评价能力。它是隐藏在教育主体内心深处的一种意识活动，是教育主体道德觉悟的综合显现。教育良心是教育行为的"指挥官"，起着选择、定向与决策的作用；教育良心是教育行为的"监督官"，起着激励、调整与控制的作用；教育良心是教育行为的"审判官"，起着评判、评价与评定的作用。简而言之，教育良心是教育主体心中的

"一杆秤"，是教育主体行为的内在约束力。在师德建设过程中，必须重视通过培养教师的责任心把外在的教育德行要求转变为教师内在的教育良心。

（二）教师爱岗敬业修为之二：精业

"精业"一词源于韩愈《进学解》中的"业精于勤，荒于嬉"。其中，"勤"的本义是尽量多做或不断地做，与"勤奋""勤恳""勤勉"等同义。精指的是业精，就是精通自己从事的本职工作。当今在中国教育界颇有名气的教育家钱梦龙与魏书生只有初中学历，之所以能够在教育界成就一番事业就是因为他们做到了精业。

具体说来，精业包括两方面：一方面，精通学科知识。当今社会已经进入知识社会、教育社会与学习型社会。在这样的社会中，知识水平突飞猛进，科技日新月异，学生千差万别，教育千变万化，教师只有与时俱进、不断进取，做到时时学习、处处学习与事事学习，才能真正做到精通学科知识，承载起教育的重任，履行好教育的职责。另一方面，精通教育智能。教师要把一个个活生生的、充满发展潜能的学生个体，培养成社会需要的优秀的建设者与接班人，单纯依靠敬业是不够的。只有教师勤奋向教，才能达到精业，形成自己独特的教学风格，搜寻到最适合学生发展的路径，无愧于时代、无愧于学生。

一名教师要做到精业必须努力做到：一是勤勉不懈地努力。教师劳动的迟效性、长期性、示范性与艰辛性等要求教师必须在本职工作中具有恒心，只有如此，教师才能在平凡的岗位上做出不平凡的业绩，才能把自己的全部学识奉献给学生。二是更投入。众所周知，教师劳动的对象是一个个活生生的人、是发展中的人、是变化中的人、是可塑的人，这就要求教师必须在敬业的基础上进一步勤奋努力，比别人投入更多的精力，花费更多的时间，耗费更多的心血，用心探寻学生发展的规律，尽力寻求教育学生的最佳方略。

（三）教师爱岗敬业修为之三：乐业

"乐业"一词，源于《老子》中的"安其居，乐其业"。我们理解的乐业包含两个含义。

一是指把自己从事的本职工作视为有趣味的工作。仔细分析，任何一种职业都是有趣味的，只要你能够坚持干下去，逐渐成为这一职业的行家里手，趣味就会自然而然地产生并变得愈来愈厚起来。任何一种职业都是在众多从业者的努力下发展的，身处其中其体验自然有趣；任何一项职业成就的取得都离不开奋斗，在奋斗中前行，自然会领会到别人无法领会的快乐；任何一种职业，只要努力都有取得成功的可能，这种成功的愉悦无法言喻。近代著名思想家梁启超先生曾经在《教育家的自家田地》中指出，凡快乐的职业具有持续性、彻底性与圆满性三个特征，而教育这一职业恰恰具有这三个特征："第一，快乐就藏在职业的本身，不必等到做完职业之后找别的事消遣才有快乐，所以能继续；第二，这种快乐任凭你尽量享用，不会生出后患，所以能彻底；第三，拿被教育人的快乐来助成自己的快乐，所以能圆满。"可见只要全身心投入其中，教育便是有趣味的、可享受快乐的职业。

二是指对自己从事的本职工作乐此不疲。大教育家孔子曾经明确表达了知之、好之与乐之的不同境界。在孔子看来，乐之才是最高的从业态度。因此，孔子曾在《论语》中多次提到自己是一个"诲人不倦"的老师。其实，他所说的"不倦"就是"乐"，诲人不倦就是乐于诲人，也就是乐业，这是教师从业态度的最高层次。想象一下：假如一名教师喜欢教育并沉浸其中，怎能创造不出一流的业绩、培养不出一流的人才呢？

第二节　为人师表

　　教师是一种极其特殊的职业，这种特殊的职业决定了只有教师自己具有的，才能教给学生；要求学生做到的，自己必须先做到；教师要想成为教育学生的先生，其自身也必须先受教育，先当学生。正如加里宁所言："教师的世界观、他的品行、他的生活、他对每一现象的态度都这样或那样地影响着全部学生。这点往往是觉察不出的，但还不止如此。可以大胆地说，如果教师很有威信，那么这个教师的影响就会在某些学生身上永远留下痕迹。正因为这样，所以一个教师必须好好检点自己，他应该感觉到，他的一举一动都处在最严格的监督之下。世界上任何人也没有受到这样严格的监督。"

　　翻开中外教育史，为人师表一直被许多教师视为教师职业道德的内在要求。《周礼》解道："师者，范也。"《韩诗外传》释曰："智如泉源，行可以为仪表者，人之师也。"《法言》记载："师者，人之模范也。"《春秋繁露》界定："善为师者，既美其道，又慎其行。"夸美纽斯宣称："教师应该是道德卓异的优秀人物。"洛克坦言："唯有德行才是真实的善，导师不只应该进行劝导谈论它，而且应该利用教育的工作和技巧，把它供给心理，把它固定到心田里，在青年人对它发生真正的爱好，把他的力量、荣誉和快乐放在德行上面以前，不要停止。"教育家叶圣陶则明确指出："教育工作者的全部工作就是为人师表。"北京师范大学的校训则这样解释何谓师范："学高为师，身正为范。"的确，教师只有做到了己正，才能做到正人；只有做到了严于律己，才能做到以身作则；只有做到了率先垂范，才能做到以身立教。

譬如，梁启超曾这样描绘他的老师康有为："先生大政治家与否，吾不敢知，虽然，其大教育家，则昭昭明甚也。先生不徒有教育家之精神而已，又备教育家之资格。其品行方峻，其威仪严整。其授业也，循循善诱，至诚恳恳，殆孔子所谓'诲人不倦'者焉。其讲演也，如大海潮，如狮子吼，善能振荡学者之脑气，使之悚息感动，终身不能忘；又常反复说明，使听者涣然冰释，怡然理顺，心悦而诚服。"梁启超在《南海康先生传》中说："必其生平言论行事，皆影响于全社会，一举一动，一笔一舌，而全国之人皆注目焉，甚者全世界之人皆注目焉，其人未出现以前，与既出现以后，而社会面目为之一变，若是者可谓真人物也已。"事实上，康有为就是梁启超眼中的真人物。他不仅可以为学生之师表，而且可以为民众之师表。一副对联写道："教之以才，导之以德，足为师矣；学而不厌，诲人不倦，堪作表焉。"其实，这恰是对教师为人师表的真实写照！

什么是为人师表？"师表"一词出自《北齐书·王昕书》："杨愔重其德业，以为人之师表。"其意义指品德、学问上值得学习的榜样。为人师表，就是其品德与学问等堪做人们学习的榜样。为人师表在中国古代政教合一、官师合一的时代，本是对官与师共同的要求，现在已经演变为对教师职业道德的规定。"学为人师，行为世范"已经成为对教师职业道德的必然要求。我国古代教育家张履祥曾经指出："益师也者，师其道与德也。道之高，德之至，从而师之。"人民教师要真正做到为人师表，必须做这样的益师。

从学生发展的视角看，为人师表是教育这一特殊职业对教师职业道德提出的永恒而特别的要求。这是因为教师假如能够做到为人师表，会对学生产生极大的影响。"影响"一词源于《尚书·大禹谟》，原指感应迅速，现指对别人的思想或行动起作用。教师做到为人师表所产生的影响表现为范围广、程度深、方式多等特征，它会对学生的认知、情感、意志、信念与行为等产生极其深远的影响，有的甚至会影响其一生。正如教育家乌申斯基所言："教师个人的范例，对于青年人的心灵，是任何东西都不可能代替的最有用的阳光。"

从教师发展的视角看，一方面为人师表是对教师职业道德的内在要求。正人先正己，教师如果想要做到为人师表，在此之前他必须首先发展成为社会的模范、表率、榜样。正如法国教育家卢梭所言："在敢于担当培养一个人的任务之前，自己就必须造就成一个人，自己就必须是一个值得崇拜的模范。"另一方面，为人师表是教师教育学生的重要手段之一。人格要靠人格去塑造，品行要靠品行去铸就，智慧要靠智慧来培植，良心要靠良心来熏陶，对祖国的忠诚要靠忠诚地为祖国服务来培养。教师的为人师表最能以情动人，对学生的影响最大、最深。正如英国教育家洛克所言："最简明、最容易而又最有效的办法是把他应该做或是应避免的事情的榜样放在他们的眼前。一旦你把他熟知的人的榜样给他们看了，同时说明了为什么漂亮或丑恶，那种吸引或阻止他们去模仿的力量，是比任何能够给予他们的说教都大的。"

一、为人师表的解读

（一）为人师表是教师职业道德的内在要求

为人师表涉及教师与自己的关系、与同事的关系、与集体的关系、与家长的关系、与钱财的关系等。在与自己的关系处理上，要求教师在纷纭喧嚣的社会中注意修身：独善其身、严于律己、坚守高尚情操、知荣明耻，在衣着上做到得体、在语言上做到规范、在举止上做到文明。在与同事关系的处理上，做到尊重同事，不能通过压低别人，抬高自己；做到团结协作，不能尔虞我诈、离心离德。在与集体关系的处理上，做到关心集体，时刻维护集体的利益。在与家长的关系处理上，做到尊重家长，经常保持与家长的联系，合力育人。在与钱财的关系处理上，做到作风正派、廉洁从教，并能自觉抵制有偿家教，不利用职务之便牟取私利。

（二）坚守高尚情操，知荣明耻，严于律己，以身作则

情操是由感情和思想综合起来的，不轻易改变的心理状态，高尚则是指道德水平高的、有意义的，不是低级趣味的高级心理状态。坚守高尚情操其实就是要求教师在纷纭复杂的社会大潮中耐得住寂寞，守得住清贫，静下心来教书，潜下心来育人，"甘为春蚕吐丝尽，愿作红烛照人寰"。

何谓荣，何谓辱？简而言之，荣即光荣，辱即耻辱。《荀子·荣辱》解释道："先义而后利者荣，先利而后义者辱。"《陆九渊集·与郭邦逸》界定道："由义为荣，背义为辱。"在知荣明耻中，知耻最为重要，这是因为知耻是教师道德自觉的一个基本德行与人格。只有知耻才会有羞耻之心，即基于一定道德准则形成的一种自觉的求荣免辱之心，它是人珍惜、维护自身尊严而产生的情感意识。只有知耻才能趋荣避辱，为善去恶，严于律己，自觉以师德规范自我约束自己。正如清代作家石成金所言："耻之一字，乃人生第一要事。如知耻，则洁己励行，思学正人，所为皆光明正大。凡污贱淫恶，不肖下流事，决不肯为。"

严于律己，以身作则，这是对为人师表内在关系的辩证表述。其中，严于律己是以身作则的基础，以身作则是严于律己的升华。具体而言，所谓严于律己就是严格要求自己，要求学生做到的自己首先做到；要求学生不能做的，自己首先不做。俄国民主主义者车尔尼雪夫斯基曾经指出："教师把学生造成一种什么人，自己就应当是这种人。"而教师要成为这种人，就必须做到严于律

己：一是树立远大的理想；二是做到知行合一，言行一致；三是做到率先垂范；四是做到持之以恒。所谓以身作则就是用自己的行为做榜样，教育对象的特殊性与教育职业的特殊性决定了教师为什么必须以身作则。以身作则是教师树立威信的基础，是教师完成教书育人任务的途径，是教师培养德才兼备人才的重要前提，是教师优化社会风尚的保证。身教重于言教，须知"孩子们几十双眼睛盯着他，须知天地间再没有什么东西，能比孩子的眼睛更加精细、更加敏捷、对于人生理心理上各种微末变化更富于敏感的了，再没有任何人像孩子的眼睛那样能摸捉一切最细微的事物。这点是应该记住的"。以言导言，以行导行，以正导正，以知导知，以情导情，以意导意，以信导信，教师的表率作用恰似春雨"随风潜入夜，润物细无声"。教师的身教作用就是榜样，"榜样的力量是无穷的"。教师的示范作用就是教化，"教以言相感，化以情相感。有教而无化，无以格顽；有化而无教，无以格愚"。

（三）衣着得体，语言规范，举止文明

衣着得体。教师的衣着是教师职业特点和审美情趣的具体体现。因此，教师的衣着必须与教育这一职业的内涵和谐一致。具体而言，教师的衣着得体必须做到：一是适合自身的体形、个性、年龄、教学风格等。二是适合教育内容。例如，讲授《十里长街送总理》，需要教师配纯洁、素雅、庄重、肃穆的衣着。三是适合学生。譬如，幼儿园教师的衣着要简洁明快、赏心悦目、富有童趣、活泼可爱。

语言规范。教师的语言是教师最主要的教育教学手段之一。教师必须加强自身的语言素养，不仅要用好普通话，还要做到抑扬顿挫、阴阳上去、简明扼要、快慢有致、高低得当、轻重适度。据科学家测定，教师教学语言的速度一般每分钟为 150 ～ 200 字，响度为 50 分贝左右为宜。具体而言，教师的语言规范必须做到：一是掌握与用好普通话。二是能够依据教育内容的不同，熟练运用教育语言技巧。三是形成自己独特的语言风格，或字斟句酌，字字千金；或出口成诵，富有文采；或丝丝入扣，符合逻辑；或谈笑风生，直抒胸臆；或激情四射，动之以情；或幽默风趣，巧譬善喻。

举止文明。教师的举止既是教师职业的内在要求，又是教师教书育人的重要手段——身教。英国教育家洛克曾经指出："做导师的人自己应当具有良好的教养，随人、随时、随地都有适当的举止和礼貌。"苏联教育家马卡连柯则认为教师千万不能忽略举止态势这些所谓的"细枝末节"，事实上，这些所谓的"细枝末节"必须予以足够的重视。教师的举止文明必须做到：文质彬彬、温文尔雅、举止得体、庄重潇洒、不卑不亢、落落大方。

（四）关心集体，团结协作，尊重同事，尊重家长

关心集体、团结协作、尊重同事，是教师处理与同事关系的行为准则。任何一位中小学教师必须牢记："对学生发生教育影响的，不仅是单个的教师，而且还有整个教师集体。教师集体的教育道德风貌乃是重要的教育因素之一。这些因素通过这个或那个教师直接或间接地对学生们发生作用。"因此，身为一名人民教师必须做到：一是摒弃单干心理，重视教师集体的作用。事实上只有在集体中，教师或学生才有可能得到充分的、自由的发展。二是努力建设这样的教师集体：有共同的见解，有共同的信念，彼此间相互帮助，彼此间没有猜忌，不追求学生对个人的爱戴。三是谦虚谨慎，尊重集体中的任何一员及劳动，切勿妄自尊大。四是处处从全局出发，与教师集体融为一体，这就要求教师之间必须亲密团结，协力合作，相互尊重，彼此支持，比学赶帮，扬

长补短。

尊重家长是教师处理与家长关系的行为规范。目前，欧美重视的家校合作、俄罗斯强调的教师与家长合作、我国重视的三结合教育等都从不同侧面强调了家长合作的重要性与必要性。教师的一个重要职责就是处理好与家长的关系，建立一个和谐的合作育人机制。这一机制要求教师与教书育人的主旨相一致，以这一机制充分发挥家长的教育作用，补充教师的教育活动，共同担负起教育孩子的重任。这就要求中小学教师务必做到：一是积极寻求与学生家长的联系；二是千方百计尊重家长的感情；三是教育孩子尊重家长，树立家长在孩子心目中的威信；四是积极完善家长教育观念与行为；五是耐心倾听家长的批评意见，不断改进自己的教育工作。

（五）作风正派，廉洁奉公

作风正派是指在思想上、工作上和生活上表现出来的遵守规矩、严肃认真、光明正大等态度和行为。教师职业的特殊性要求教师必须行得正、坐得端，否则，假如教师口是心非，即使他拥有天使般的语言也很难将学生教育好。正如孔子所言："不能正其身，如正人何？"

廉洁奉公，是指廉直不贪，忠诚履行公职。其中，廉就是不贪污、不苟得、不妄取，不受不义之财；洁就是纯洁，清白。何谓廉洁？就是清廉纯洁。王逸则在注解《楚辞·招魂》时指出："不受曰廉，不污曰洁。"可见，廉洁就是清廉纯洁，就是不受不义之财，不受污泥浊水之染。奉公，就是奉行公事。廉洁是奉公的基础，奉公是廉洁的升华。作为一名人民教师必须有这样的修养与胸怀："不义而富且贵，于我如浮云。"（《论语·述而篇》）"临财毋苟得，临难毋苟免。"（《礼记·曲礼上》）"安能以身之察察，受物之汶汶者乎？"（屈原《渔夫》）"临大利而不易其义，可谓廉矣。"（《吕氏春秋·忠廉》）这就要求教师必须做到：一是加强自我修养，修身洁行；二是注意洁身自好，达到慎独；三是注意淡泊明志，拒腐防变；四是注意勤俭奉职，克己奉公。

【案例】

由"三·二九事件"看"师生平等"

带着"优秀毕业生"的光环，我顺利地被天津市第四十七中学录取，成为一名英语教师。工作伊始，我便被委以重任，担任重点班的教师。以往的种种荣誉和如今领导的信任，使我对自己的从教生涯充满信心。在参加工作的第一年，我便荣获多项殊荣：我所带的班级被评为"区级优秀班集体"；我撰写的教育反思在评比中获得一等奖；在学校组织的评教活动中，我更是以98分的好成绩成为全校最受学生欢迎的老师！鲜花和掌声纷至沓来，一切都似乎水到渠成！人们看到了一名新教师朝气蓬勃、光彩照人的一面。然而，回想这一年中，我曾多少次重重地摔倒，又多少次艰难地爬起，多少次懦弱地放弃，又多少次重新鼓起勇气。这短暂而又漫长的一年啊！唯有我的日记默默记录着点点滴滴。今天，我便想以日记为伴，重温一件令我成长的难忘经历。

这件事情被我命名为"三·二九事件"，虽然它不像许多历史事件那样摄人心魄，但是它对我本人的思想的震动却是巨大的。

"三·二九事件"发生在 2008 年 3 月 29 日，也就是高一年级第一次月考那天。那天上午我有两场监考，并且都是独自监考，因此时间上显得有点紧张。我在中途取卷时弄丢了监考时间表，于是我将第二场的交卷时间错误地提前了十分钟。那一场考数学。也许是试题难度较大，所以在我错误地依次提醒学生们距考试结束还有三十分钟，还有五分钟甚至交卷时，全考场竟无一人提出异议！直到我清点完试卷和答题卡后，才零星返回几名学生，迟疑地问："老师，咱们是不是提前交卷了？"我在那一刻也猛然意识到：糟糕！是啊！但随即我马上想：我是一名老师，千万不能在学生面前慌乱失态，否则我老师的颜面何在啊？此时一名学生委屈中带着几分抱怨地提出拿回试卷，继续答题。我虽然满心愧疚，但是考虑到若是答应他一人，那么对本考场的其他学生是不公平的。我已经犯下一个错误，不能再错上加错了。于是我平静地拒绝了他的要求，并且说了些抓紧时间备考下一科之类安慰、鼓励的话。学生们随后听话地散去了。

年级主任得知此事后并没有对我大加批评，而是告诫我以后多加注意，不能再这么粗心了。到此，事情似乎应该结束了。当然这也是我最希望的。但是，事实并非如此，我的内心没能容忍我就这样把它放开。事实上，我随后的整个中午都在忐忑不安。我的眼前不断出现那名学生满脸的委屈和抱怨……是啊！第三考场都是年级前100名的精英，十分钟对他们而言是多么宝贵！最后的十分钟正应该是他们思维活跃、智慧迸发的十分钟啊！而我却无端地剥夺了他们每人宝贵的十分钟！尽管学生们没有大张旗鼓地抱怨，尽管领导没有严厉批评，尽管我也一心希望这件事就这样神不知鬼不觉地销声匿迹，但是那些学生呢？那些学生们会怎么想？"我们真倒霉！怎么碰上这么个糊涂老师！""官大一级压死人！""世界真是不公平！"……这些学生很有可能会带着这种认识长大、成人，继而扮演他们的社会角色，他们也会像我一样做错了事情就一心想去掩饰、去逃避……天啊！我在做什么？我是一名教师！我是学生们的榜样！我要为他们的将来负责啊！想到这里，我再也平静不下去了：是的，学生们需要一个交代。学生们需要看到一个道理，那就是做错了事情就要勇于承认并且尽量挽回。

于是，我早早地等候在考场外，在下午第一场考试结束后向所有的学生真诚地道歉，并且深深地鞠了一躬。从学生们雷鸣般的掌声中，我知道自己已经被谅解了。尽管当时我早已羞愧得满面通红，但我的内心却好像得到救赎一般愉悦无比。我又可以轻轻松松做一名老师了，这种感觉真好！

在以后的日子里，我还会想起这件事情。有时我会问自己：那天毕竟有学生返回考场对我抱怨了，如果没有学生回来呢？那天我监考的是第三考场，如果我监考的是最后一个考场呢？那天恰巧主任知道了这件事，如果主任不知道呢？我会如何做？我还会不会因为内心备受煎熬所以必须向学生们道歉呢？

我想我会的，而且是必须的！因为这件事情背后反映的实际上是一个师生地位是否平等的问题。记得参加新课改培训时，我多次听到这样一句话：新课改改的不仅是书本内容，更是教学理念。我们被告知新型课堂中的师生关系应该是平等的，老师不再是绝对的权威，但我想，也许直到那一天，我才真正体会到"师生平等"这四个字的深厚内涵，那就是：作为一名教师，我是否把学生看作一名独立平等的人？我是否尊重学生？我能否站在学生的角度想一想？解决问题时我是否把学生们的将来考虑在内？作为一名教师，我在高喊塑造他人灵魂的同时，能否放下自己那点所谓的面子，首先修缮自己的灵魂？

我庆幸我在处理"三·二九事件"时选择了勇敢地面对，而不是懦弱地逃避。我更庆幸在面对这一系列的考问时，我能够拍拍自己的胸脯自信满满地回答：我能！

蔡元培先生曾在《中学修身教科书》中写道："教员者，学生之模范也。故教员宜实行道德。以其身为学生之律度，如卫生宜谨、束身宜严、执事宜敏、断曲直宜公、接人宜和、惩忿而窒欲、去鄙倍而远暴慢，则学生日熏其德，其收效胜于口舌倍蓰矣。"首先，蔡先生论及了教师必须严于律己的问题，并举例说明。其次，论述了以身作则的问题，并进而阐释了身教重于言教。在这篇教育叙事中，一名普通的高中教师用自己的行动践行了蔡元培所言，不仅回答了究竟什么是师生平等、什么是严于律己、什么是以身作则，而且从行动的视角弄清了严于律己与以身作则的关系。

面对自己在监考中提前十分钟收卷的失误，是积极面对还是消极对待，这位老师思绪万千，犹豫过、思考过、思想也斗争过。可喜的是作为一名教师，她更多地想到的是教师工作的特殊性，想到的是自己的责任与使命，想到的是："作为一名教师，我在高喊塑造他人灵魂的同时，能否放下自己那点所谓的面子，首先修缮自己的灵魂？"最终，她选择了积极面对："我早早地等候在考场外，在下午第一场考试结束后向所有的学生真诚地道歉，并且深深地鞠了一躬。"这一鞠躬并没有损伤这位老师的尊严与威信，相反在这次事件之后，她在学生心目中的形象日益高大起来。这种高大是教师严于律己的结果，也是教师以身作则的结晶。

二、为人师表相关概念的比较

（一）经师与人师

俗语云："经师易得，人师难求。"《礼记·学记》点明："记问之学，不足为人师。"《荀子》指出："四海之内者一家，通达之属，莫不服从，夫之谓人师。"徐特立先生曾经对经师与人师有过非常精彩的论述："一种是'经师'（中国过去教经书中知识的人称经师，现在是指教科学知识的人，为了容易记，所以仍袭用这个名称），一种是人师，人师就是教行为，就是怎样做人的问题。经师是教学问的，就是说，除了教学问之外，学生的品质、学生的作风、学生的生活、学生的习惯，他是不管的，人师则是这些东西他都管。我们的教学是要采取人师和经师二者合一的，每个教科学知识的人，他就是一个模范人物，同时也是一个有学问的人。"在此，徐特立先生不仅指出了何谓经师、何谓人师，而且明确提出人民教师必须既做经师，又做人师，既要教学生学问，又要教学生做人。著名的爱的教育家夏丏尊曾经这样描绘李叔同："李先生教图画、音乐，学生对图画看得比国文、数学等更重。这是人格做背景的缘故。因为他教图画、音乐，而他的诗文比国文先生的更好，他的书法比习字先生的更好，他的英文比英文先生的更好……这好比一尊佛像，有后光，故能令人敬仰。"基于此，人民教师既要进行加强经师素养的修炼，做一个有学问的人，又要加强人师素养的修炼，做一个模范，同时还能教学生怎样做人。

（二）外表与内涵

教师要做到为人师表，首先必须重视其表。表，是指外表、仪表，主要包括教师的衣着打扮、语言谈吐、举止态势等。据鲁迅先生在《藤野先生》中回忆，藤野先生"穿衣太马虎了，有时竟会忘记带领结；冬天是一件旧外套，寒颤颤的，有一回上火车去，致使管车的疑心他是扒手，叫车里的客人大家小心些"。这里鲁迅先生描写自己的教师时虽然没有贬义，但是却反证了教师仪表的重要性。再如，著名教育家严范孙先生曾经为南开学校亲自手书了40字的镜箴，又在《容止格言》中说："面必净，发必理，衣必整，纽必结；头容正，肩容平，胸容宽，背容直；气象：勿傲，勿暴，勿怠；颜色：宜和，宜静，宜庄。"其实，这既是对南开学生也是对南开教师的要求，迄今仍对中小学教师"表"的修炼具有参考价值。

当然，我们在此强调教师仪表修炼重要性的同时，更要注意教师在"里"上的修炼。所谓"里"，是指内心、内在的素养，即涵养。现在有的教师只重"表"的修炼，而忽视了更重要的"里"的修炼，"金玉其外，败絮其中"。这样的"表"只能是华而不实，既无法育己，也无法育人，因此，教师必须重视"里"的修炼。

教师处理表与里的关系的最高层次是：表里如一，文质彬彬。表里如一强调的是教师的思想与言行一致，文质彬彬强调的是文采与实质的配合很好，形容举止文雅、态度温和。

（三）为公与谋私

何谓公、何谓私，《韩非子》从造字法的角度加以解释："自环者谓之私，背私者谓之公。"可见，从先人造字时起，我们就认为公与私是完全对立的关系。现在看来，这一认识存在问题。事实上，公中有私，私中有公，为公与为私并不都是完全对立的。正如马克思在《青年在选择职业时的考虑》中所言："在选择职业时，我们应该遵循的主要指针是人类的幸福和我们的完美，不应认为这两种利益是敌对的、互相冲突的，一种利益必须消灭另一种的。人类的天性本来是这样的：人们只有为同时代人的完美、为他们的幸福而工作，才能使自己也达到完美。"

基于此，在教师职业道德的要求上，在很长一段时期内，我们宣传的是理想的大公无私的典型，同时要求全体教师做到无私奉献、公而忘私。从公与私的关系上看，在为人师表的修炼中存在如下层次：最低层次的是自私自利。这一层次的教师一切从个人利益出发，只要于己有利则为，于己不利则不为，他们坚信"人不为己，天诛地灭"。第二层次是私大于公。在公与私面前，这一层次的教师先顾及私，再考虑公，先私后公，为公的前提是不损害或有利于个人利益。第三层次是公大于私。这一层次的教师相对高尚一些，在公与私矛盾的时候他们能够做到先公后私，先他人后自己。第四个层次是大公无私。这一层次是以前师德建设中最为倡导的一种师德，这一层次的教师可以称之为伟大。在公与私面前，他们唯一考虑的是公，毫不利己，专门利人，是他们的品行；公而忘私，无私奉献，是他们的行为。

（五）个人与集体

恩格斯曾经指出："只有在集体中，个人才能获得全面发展其才能的手段，也就是说，只有在集体中才能有个人的自由。"从教师与教师集体关系的角度看，尽管有的教师个体对某一学生的影响可能大些或小些，但是任何一名学生的发展都是由许多教师个体直接与间接影响的结果。因此，任何一名教师都必须具有合理的竞争与合作精神。只有有竞争，才会有个人的不懈努力；只有有合作，才能有真正的个人自由，也才能做到合力育人。因此，苏联著名师德专家 B.H. 契尔那葛卓娃等曾在论述了教师集体的特点、教师集体的矛盾的基础上，专门论及了下列内容：关心人作为进行教育活动的决定性主体的教师集体；关心教师集体中每个成员发展个人教学能力的条件；对教师集体中的教育工作能手的态度；教师对教授别的课程的同事的态度；教师对持不同教育观点人的态度；对年轻和缺乏经验的教师的态度；和假集体主义做不调和的斗争。从分层的视角分析，教师与同事、集体的关系可以划分由低到高的四个层次：恶性竞争层次、恶性合作层次、良性竞争层次、良性合作层次。

从教师与家长的关系看，可以划分为下列层次：首先，单干矛盾层次。这一层次教师与家长不仅各教各的，还表现为教师与家长的教育观点与行为不一，根本形不成教育合力。其次，合作矛盾层次。这一层次教师与家长虽然能够重视合作，但是其实际表现却为教师与家长的教育观点与行为不一，也形不成教育合力。

再次，单干和谐层次，这一层次教师与家长尽管各教各的，但基本上不矛盾，且能够形成教育合力。最后，合作和谐层次。这一层次是教师与家长关系处理上的最高层次。这一层次教师与家长不仅能够重视合作，而且其实际表现也与教师与家长的教育观点和行为一致，能够产生极佳的教育合力。

第三节　奉献精神

一、奉献是天职

教师的奉献精神就是教师在教育教学工作中要有明确的目的，教师不仅要把教育教学工作当作一种职业，而且要把教育教学工作作为人生意义中的一种很好的事业。教师要能够处理好教师劳动价值与劳动报酬的关系，处理好教师劳动与教师地位和教师荣誉之间的关系。在现实社会中，如果你选择了教师，那么你同时就选择了奉献。教师职业本身就确定了作为教师必须具有奉献精神。

教育是事业，事业的意义在于奉献。从事教育，就是奉献，这早已成为人们的共识。但是作为一种信念、一种精神，新时期教师的奉献还有更深的内涵。它来自思想的深处，是骨子里的一种气质、风度、风格、风范或雅量，是一种长期存在、固定不变的，只有付出而不求任何回报的，也不计较个人任何得失的一种精神和信念。

一谈起"教师要有奉献精神"，可能有的教师会不满意，甚至会发牢骚：为什么单单是教师？为什么教师就应该奉献？有这些牢骚是正常的，因为有人会说，不能把教育只看作一个职业，要把它看作一项事业，当教师本身就意味着不能强调索取，要讲究奉献。可教师也是人，也只是众多普普通通的人中的一部分而已，一味地强调"奉献"似乎是已经过时了，"吃的是草，挤出来的是牛奶"这样的世界观、人生观和价值观也许是人们对崇高精神境界的一种奢望了，但是还是要说：教师是需要有奉献精神的！

首先是由教师职业的重要性决定的。教师所从事的职业"是天底下最光辉的职业"，从小处说，它为我们的生存提供了有效的保证。从大处说，我们所做的工作又不单单是为了自己生存，还关系到祖国的未来、社会的发展、人类的进步。虽然每一节课教师也许只是为学生讲解了一个知识点、演算了一道习题、解决了一个教学难点，但是也就在这一个个知识点的链接中培养和造就了祖国建设的栋梁之材，就在这一节节微不足道的课堂教学中继承和发展了祖国悠久的灿烂文明。这种和祖国利益息息相关的职业，难道不应该去认认真真、恭恭谨谨地做好吗？

其次是由教师所面对的教育对象所决定的。大家都知道，教师的教育对象是活生生的人，"十年树木，百年树人"，培养人的工程是最为艰巨的。因为教师所面对的是一个个鲜活的生命，而教学就是与生命的沟通，与生命的沟通就需要时时刻刻的恭谨。也许教师的一句伤害学生自尊心的话，会摧毁他对未来的信心和对美好事物的憧憬；也许教师的一个错误的知识传授，会使学生形成一个错误的思维定式，不再去追求创造与发明；也许教师的一个毫不负责的主观臆断，会泯灭学生的灵性，使他在浑浑噩噩中苍老终生；也许教师的一个缺乏关爱与期待的眼神，会使学生感受不到人与人之间的温暖，从而使他对整个社会充满敌意和寒冷。如果我们真的因为自己的失误而影响了学生的成长与发展，我们的内心会安生吗？

教师的职业与祖国的宏伟事业紧密相连，和提高民族素质紧密相连，和家家户户紧密相连，和孩子的现在与将来紧密相连。教师心中要有一团火，在任何情况下都要朝气蓬勃，对学生有感染力、辐射力。只有燃烧自己，才能在学生心中点燃理想之火，塑造美好的心灵。这种激情来自对社会主义忠贞不贰的信念，来自对为国为民的无数先烈、无数英雄人物的由衷爱戴与崇敬。有了这种信念和激情，即使受挫折也会更刚强，有使不完的劲，做一名符合党和人民要求的合格教师。

二、师魂在于奉献

做教师就要能奉献，奉献是不计报酬的给予，是"有一分热发一分光"，是青春、是汗水、是智慧、是一种无私的爱，甚至是无价的生命。因为有人奉献社会，社会的物质财富和精神财富才会不断增加，人类才会不断进步。奉献者收获的是一种快乐、一种幸福、一种崇高的情感，是他人眼中真诚的敬佩，是自己心中生命的延伸。

教师，是塑造人类灵魂的神圣职业，更需要无私奉献；师魂，只有在教师默默的奉献中才能发扬光大。

在教育的平凡岗位上，教师洒下了一颗颗汗珠，为孩子们竖起了一个个路标；在探求的漫长征途中，教师留下了一个个脚印，为青少年修筑了一条条通向理想的金桥。常言说得好，"没有爱，就没有教育"，没有爱，更谈不上奉献。

可人们用"勤勤恳恳""兢兢业业""呕心沥血"等词称赞教师辛勤劳动的同时，却用"两袖清风"来形容教师艰辛的生活。难道只有甘于清贫，才能体现教师奉献的真正意义？如果教师生活条件好，没有了后顾之忧，岂不是更能奉献？可喜的是，"尊师重教"的风气正日益浓郁，教师的待遇正如芝麻开花——节节高。所以，教师已没有任何理由再去抱怨，只有埋头苦干，教好学生，才能无愧于师魂。

是啊，人生的价值在于奉献。人的一生只有对社会有所奉献，一生奋斗不息，才能感受到自我价值的存在。抛开一切杂念吧，师魂在于奉献！

三、把奉献落实在行动上

（一）奉献从学生的需要出发

教师想要奉献给学生的东西太多了。作为一个教师，希望能带给他们丰富的知识，希望教会他们做人的道理，希望……

一对老夫妻年逾五十，经济条件不错，理当是安享退休生活的时候，却一同到律师那儿要办离婚。

离婚后，律师提议三个人去吃一顿饭。吃饭时，服务生送来一道烤鸡，老先生马上夹起一块鸡腿给老太太说："吃吧！你最喜欢吃的鸡腿。"

律师眼睛一亮，心想事情也许有了转机哦！

未料老太太红着双眼说："我很爱你，但你这个人就爱自以为是，什么事都自己说了就算，从来不管别人的感受，难道你不知道，我这辈子最讨厌吃的就是鸡腿吗？"

这时老先生也有点哽咽地说："你……总是不了解我爱你的心，我时时刻刻都在想，要如何讨你的欢心，总是把最好的留给你，你知道吗？这辈子我最喜欢吃的就是……鸡腿。"

老先生每次都把自己认为最好吃的东西留给老太太吃，得到的却是老太太的埋怨。在日常的教育教学工作中，有不少教师何尝不是如此呢？这些教师想把自己认为最有用的知识传授给学生，换来的却是不少学生的厌学情绪；花额外的时间给学生"开小灶"，希望学生们多掌握点知识，得到的经常是学生的不理解。不少的老师就会觉得很委屈，为什么明明是有用的东西，学生就是不愿意学？为什么教师的"爱"换来的却是学生的"恨"？这值得深思。

这不是"奉献"本身有错，而是在我们"奉献"的时候是否只是一味地去想"我们要奉献什么"，却忽略了"奉献"的对象——学生。学生想要什么？学生需要我们奉献什么？在我们"奉献"的同时有没有想到这一点呢？如果没有的话，那再多的"奉献"也只能是盲目的奉献，即使出发点是好的，是为学生着想，但最终只会"吃力不讨好"。

所以，教师的"奉献"应该是从学生的需求出发，先站在学生的角度来想一想学生需要的是什么，再来思考怎么"奉献"。

（二）给奉献加个科学的前提

有很多形容教师奉献的话语，比如"呕心沥血""加班加点""抛家舍子"。但是，时代在进步，在新课程理念下的奉献是否也应该是有前提的？

首先学生有支配业余学习时间的权利。学生有休息权，不能把奉献等同于无限制地占用学生的时间。

其次是教师和睦的家庭关系。优秀的教师应该能调整好工作和家庭的矛盾。人是处在社会中的矛盾体，除了职业角色，还应该有许许多多的社会角色。一名教师可能在教育事业上获得很大的成功，但从一个大的社会角度上讲，如果放弃了做母亲、做妻子、做儿女的责任，就可能造成家庭的不和，造成亲人健康上的问题。

第三是自身健康。"身体是革命的本钱"，会休息的人才是会工作的人。讲究工作效率，不是非得加班加点，以牺牲自身健康为前提的奉献是不明智的。教师的奉献过程也应该是自我提升、自我发展的过程。优秀的教师应该是健康的、有活力的，这样才能从形象、气质上感染学生，感召学生，学生才可能精神抖擞地学习。那种未老先衰、浑身职业病、为了不落课宁可倒在讲台前也不到医院瞧病的教师是感人的，但不是明智的。教师是人类灵魂的工程师，教师如果都不能使自己身心健康发展，怎么去塑造学生的灵魂？

（三）奉献的目的就是培养更多的合格人才

奉献的目的不是培养只会考试的机器。学生学习兴趣的丧失，学习能力的不足，情感的匮乏，创新能力的缺失，将会严重影响学生未来的发展，甚至造成学生心灵的扭曲、心理的变态。清华大学学生硫酸泼熊事件、马加爵杀人事件，都给我们敲响了警钟。让学生只会考试、不会做人，不是真正的奉献。

奉献的目的不是按自己的主观意愿剥夺学生的时间和空间，扼制学生的个性发展。有这样一位老师，多年来几乎放弃了所有的休息时间义务为学生补课，可以说是一心扑在教育事业上。可学生给他的教学评估打分却是全年级最低分，学生们认为老师剥夺了他们的自由，而且占用了大量学习其他学科的时间，学生情绪抵触，但又无可奈何，因为他们也知道，"老师也是为我们好"。显然，这位老师的"奉献精神"既失去了社会价值，又失去了个体价值。

奉献的目的是培养合格的现代人，培养具有健全人格的人，这种奉献才具有社会意义和价值。素质教育体制下教师的奉献精神应以教育规律为基础，与学生的全面发展相联系，以学生为本，一切违背教育规律的敬业精神都是没有社会价值的。

奉献的目的也是为了更好地发展自我，实现自己的人生价值。奉献就好比是提灯夜行的人，照亮别人的同时也照亮自己。要对学生进行启发式教育，培养学生的创造力，教师必须具有创新精神和创新意识；要教会学生如何学习，教师自身必须具备不断学习提高的能力；培养学生热爱真理，教师自身必须具有执着地追求真理、诚挚地热爱真理、勇敢地捍卫真理、不懈地传播真理的精神。点亮自己，才能照亮别人；要照亮别人，只有先点亮自己。这种奉献才具有个体价值。

奉献，既是一种真诚自愿的付出，也是一种愉悦人心的获得；既是一种纯洁高尚的精神，更是一种自我升华的境界。奉献微笑，收获微笑；奉献爱心，收获爱心；奉献真诚，收获真诚；奉献智慧，收获智慧。

四、爱是教师最美的奉献

什么样的奉献最美？把爱全身心奉献给学生最美。

教育家赞科夫说过："当教师必不可少的，甚至几乎是最主要的品质就是热爱儿童。"教育是培养人的事业，教师是培养人的专门劳动者。因此，热爱学生是教师职业道德的表现。

师者，因其"传道、授业、解惑"而受人尊敬。现在新的课程改革是一场从教育思想到课程结构、课程内容、教学方式、学习方式、教学方法等方面在内的全面深刻的教育教学改革，它要求的是师生间的平等对话。

美国哈佛大学有一位校长曾说过："把一个学生教育成功，只有一个办法，那就是要引起孩子的兴趣。"作为教师，利用自己的有利条件，精心设计、积极扶持，就能把学生引导到爱科学、学科学、用科学的轨道上来。

在教学中教师感情投入的多少直接影响着学生的感情投入，学生的思路是否打开、情感能否释放，全在于教师的引导，所以为学生营造一个宽松、愉悦、民主的环境就显得尤为重要。爱因斯坦说过："提出一个问题往往比解决一个问题更为重要。"教学过程中，教师要放下师道尊严的架子，把自己置于和学生平等的地位，认真倾听他们的意见，让学生们畅所欲言，鼓励他们发表独特见解，使他们敢想、敢问、敢做，乐于探究。

【案例】

上学期学习《太阳系》一课时，我发现有几个同学总是偷偷地在下面看书，对我的讲授并不在意，当我生气地走到他们中间时，发现他们看的都是《我们爱科学》《少年百科全书》之类的书籍。经了解这几个同学是班上的小天文迷，平常他们经常在一起交流，至于课本上的那些基本知识，早填不满他们的胃口了。

我没有简单粗暴地收缴他们的书，也没有愤怒地训斥，而是让他们把学生感兴趣的知识分享给大家。当他们得意地坐下后，我先表扬了他们知识的丰富，进而适时引导他们课前预习，并告诉他们发现什么问题或对什么感兴趣时记下来，下节课拿到课上我们一起讨论。这样不仅没挫伤孩子学习的积极性，还激发了更多的学生主动学习、主动探究的兴趣。

教育就是播种爱，这就是对师德最好的诠释。科学课是涉及生物、物理、化学、地理等知识的综合学科，为了上好一节课，我甚至要用三到四节课的时间去备课、准备实验。现在的学生认知水平差异很大，为了满足学生们更多的探知欲，这学期我开办了"关山老师的科学课资源空间"的博客。让学生们不仅可以学到更多的知识，还为大家提供了交流的平台。

热爱学生是教师职业道德的核心，是教师必须具备的品质。教育的过程是师生感情互相影响、互相交流的过程，教师只有对学生抱有深深的爱，才能引起学生对教师的崇敬、信任和亲近，才能建立起教育学生的感情基础。

只要心中充满对教育的爱、对学生的爱，那么，我们就一定能成为一名师德崇高的教师。

五、做好本职工作

奉献应该是一种自愿自觉的情绪和行为的表现，不属于教师本职工作范畴内的东西，但可以蕴藏在教师本职工作里，是超越本职工作的一种行为和思想的表现。

其实，只要把教师的本职工作做好了，就是为社会做了贡献。然而，现实生活中却往往有很多人连本职工作都难以做好，难以做完善，难以不出现任何漏洞和差错。做好本职工作也是一种奉献，不过这奉献是应该的、必须的，不可以出现漏洞或差错。

本职工作是基础，是后盾，是奉献精神的一切力量的源泉。如果一个人连本职工作都做不好，何来奉献精神？又从何谈奉献精神？应该说敬业是奉献的基础，乐业是奉献的前提，勤业是奉献的根本。

奉献精神是对充分做好本职工作的人讲的，一个人坚守在同一个岗位上，多年如一日地兢兢业业任劳任怨地工作，这应该算是具有了奉献精神；如果在一个岗位上干不好、干不了，奉献精神就无从谈起。教师是"人类灵魂的工程师"，怎么为培养学生做好自己的工作？不是简单地说一说就能够解决问题的，需要我们摆正自己的位置，真正看到教师的职业特点，准确定位，投入精力，把本职工作做好、做细、做完，切实做出成效。

对教师这个职业，人们有着数不清的赞誉。教师有着充满关爱、热情大度的胸怀，他们把奉献作为自己的快乐，把给予作为自己最大的幸福。教师像太阳一样为学生播撒光和热，使学生变得强健有力、自强自立，努力完成自身生命的追求。有一位普通的教师说："我们不需要太多的荣誉和赞美，因为我们已经习惯了默默无闻地奉献；不要给我们太多的称号，因为我们只喜欢两个字'老师'。"正是这些普通的话语从另一个侧面折射出了教师奉献精神的伟大。

人之为人，在于我们拥有区别于其他动物的精神和灵魂。教师被称为"人类灵魂的工程师"，因为是他们把无知的人们转变为有高尚精神追求的人，是他们促进了人类社会由愚昧走向文明的步伐。

第四节　表率精神

一、榜样的力量是无穷的

教师是履行教育教学职责的专业人员，承担着教书育人、培养社会主义事业建设者和接班人、提高民族素质的使命。

教师的职业特点决定了教师的劳动必然带有强烈的示范性，这是因为教师在教育教学活动中与学生朝夕相处，而学生又善于模仿、具有强烈的"向师性"心理。特别是在小学阶段，小学生对事物缺乏深刻的理解，又缺乏分析能力。他们善于模仿而不辨是非，感情充沛而易于激动；他们的心灵犹如一张白纸，"染于苍则苍，染于黄则黄"，可塑性很强。这个时期，教师会成为学生模仿的中心人物。在天真的孩子眼里，教师具有某种权威性，甚至以为"老师说的"都是对的，教师的威信远胜于父母。许多教师发现，自己的一举一动学生都在模仿。教师成为学生最可信赖的模仿对象。

所以，"师者，人之模范"。教师劳动与其他劳动的一个最大的不同点，就在于教师主要用自己的思想和言行，通过示范的方式去直接影响劳动对象。教师本人是学校里最重要的师表，是最直观的、最有教益的模范，是学生最活生生的榜样。任何一名教师，不管他是否意识到这一点，不管他是自觉还是不自觉，都对学生起着示范作用，并产生潜移默化的深远影响。

所谓"近朱者赤，近墨者黑"，那么，是什么影响我们或他人呢？不是别的，是我们的行为和对生活的态度。我们的行为和态度对一个人的影响是无声无息的。所以，榜样的力量是无穷的。

教师的言传身教对学生的影响和教育效果，是巨大而持久的。车尔尼雪夫斯基也曾言，"教师把学生造成一种什么人，自己就该是这种人"。

这是应宝实验初中政教处副主任沈老师的一堂班会课。课开始，师生相互问好之后，沈老师一脸诚恳地说："前几天，我对祁萧同学的态度太严厉了，当着这么多人，说那么严厉的话，连我自己都觉得过分，在这里我向祁萧同学，向同学们道歉，以后一定会注意教育方法的。"沈老师的话音刚落，教室里立即响起了持久的掌声。大家正等老师的下文时，祁萧同学已经迈着步子，红着脸走上讲台，用他一贯稚气未脱的小大人的口气说道："我不该违反校规，更不应该用那种不友好的语气跟教师说话，我……我……造成了很坏的影响，我向老师道歉，向大家道歉。"

他刚停下来，掌声就爆发出来了。王运同学随即走上讲台，一脸歉意地说："上周英语课，我没有认真听讲，打瞌睡，不仅不尊重老师，而且没学好知识，我向英语老师和全班同学道歉，我保证以后不再出现这种状况。"接着吴秋同学大步走上讲台说："运动会期间，我做学生裁判员，我知道第二天要举行闭幕式，并且接到老师的电话通知，但是没有到学校，没有参加闭幕式，影响了班级的形象，我向大家说一声'对不起'。"……这堂课，共有二十多名同学走上讲台向大家道歉，在道歉的过程中，班上掌声不断响起。

上述的事例很小、很平淡，却很有代表性。现今大人犯错误错怪孩子，却很少向孩子说"对不起"，教师错怪学生能向学生认错的也很少见。学会道歉、敢于道歉是人们内在素质的具体表现，也是社会公德的起码要求，道歉可以消除人与人之间的隔阂，道歉是人际关系不可缺少的润滑剂。让学生明白怎样处理与他人之间的矛盾，也是人生的一门学问。案例中的沈老师以身作则，亲身躬行，敢于承担错误，把道歉作为班会课的固定板块，营造班级道歉文化，并且自己带头"示范道歉"，起到了榜样的作用。

教师的示范是学生最直接、最经常的表率，是引导和促进学生成长所不可缺少的手段。

教师的示范性特征，几乎可以表现在教学的各个环节中。在教学中，教师对学生提出要求时，为增强学习的直观性和规范性使学生有一个感性的认识，教师都先做示范。特别是在例题讲解、实物演示、实验操作以及在音、体、美的教学中，教师的示范作用显得更加重要。此外，学生的良好习惯、品德、情操、人生观及世界观的形成，也有赖于教师的言传身教，教师的一言一行将会在学生心灵上产生潜移默化的深远影响。

孔子说："其身正，不令则行；其身不正，虽令不从。"如果每一个教师都把孔子的这句话当作座右铭，并且在工作、生活中努力实践，那么每一个教师都会是一个好教师。

"桃李不言，下自成蹊。"虽然榜样的作用是无限的，可是古人云"知易行难"。教师在工作、生活中处处做学生的表率，这需要毅力与意志，有时甚至于要牺牲个人的一些利益，改变个人的一些习惯，付出一定的代价。所以，很多教师虽然知道教师应做学生的表率，可是实际上仍然有不少教师并没能成为学生的表率。那么教师应该怎么做才能树立起榜样的形象呢？

（一）春风化雨，以高尚的师德感染学生

"捧着一颗心来，不带半根草去"，著名教育家陶行知先生的这句话阐明了一个真理：只有真正无怨无悔地为学生付出，教师才能获得学生的信赖。教育事业对教师提出的要求是非常高的。

首先是真诚。教育学生不是演戏，决不能搞"双重人格"。只有真正发自内心的、表里如一的、言行统一的美好品德，才能在学生身上产生"随风潜入夜，润物细无声"的作用，使他们受到教育和感染，引起他们的共鸣和效仿。

其次是人格。学生对教师特有的期望和信赖，往往使他们在观察教师时产生一种放大效应：教师的一种小小善举，会使他们感到无比的欣喜；教师的一点小小瑕疵，则会使他们产生巨大的失望。所以，教师必须对自己的人格修养提出严格的要求。由于身处学校这个特殊的环境，一些特殊的问题也是教师所不得不面对的。如每次考试结束后，总会有一些学生以各种借口找到老师，希望老师对其成绩予以关照。这类情况的学生很多：苦苦哀求者有之，痛哭流涕者有之，这其中自然也少不了一些"礼尚往来"者。对于这些学生，教师除了应坚决拒绝其无理要求之外，还要对其进行批评教育，并尽量帮助学生找到一些补救措施以便让学生掌握知识，顺利通过考试。

教师应该成为有人格魅力的人，成为对学生最关心、最了解的人。因为人格魅力是凝聚力、向心力最直接最现实的因素之一，这就需要教师提高自身的思想道德和职业道德水平，具备高尚的师德。

教师良好的职业道德对学生思想品德的形成起着催化作用。一个优秀的教师不仅应该品质高尚，而且应该有着良好的职业道德。

第一，应满腔热忱，关心爱护学生，不歧视、不辱骂学生，教师可敬可亲，学生才会愿意学，也才学得好。

第二，教师文明的言谈举止对学生思想品质的形成起着修正作用。教师的一言一行都是教师内在素养的外在体现，都会给学生以潜移默化的影响，而学生也正是通过这一点来了解教师的思想的。教师注重修养、注意言行，处处给学生做出表率，言教辅以身教，学生受到影响，其不良的行为和习惯就会受到约束、得到修正。

第三，教师的威严与外表的衣着打扮也会给予学生一定的吸引或注意，教学内外的交往是教师与学生通过信息（知识和精神）的交流，实现双方互动，达到双方共识、共享、共进。师生双方的交往包括显性交往（言语交往）和隐性交往（非言语交往）。教师实行平等、对话的教学风格，做到与学生实行心理角色换位，是教学交往实现良性互动的必备条件。师德不是简单的说教，而是一种精神体现，一种深厚的知识内涵和文化品位的体现。师德就是教师的职业道德，是教师在教育教学过程中，在处理和调节人际关系中所遵循的特殊道德要求和行为规范。高尚的师德既是教师自我完善的必要条件，又是培养和造就一代新人的可靠保证。

教师职业道德内容十分丰富，简言之，最为重要的是：献身教育，甘为人梯；热爱学生，诲人不倦；精通业务，学而不厌；互相学习，团结协作；一身正气，为人师表。贯穿于学习、工作、为人、处事的所有方面。作为教师还要信守教师职业道德规范，履行师德要求；作为学校教育集体的一员，还要模范地遵守校纪校规。行动就是无声的命令，教师自觉地遵纪守法，学生就会模仿，就会信服，从而规范自己的言行。

（二）学高为师，以丰富的学识征服学生

没有学生喜欢讲课时漏洞百出的教师，也没有学生喜欢才疏学浅的教师。作为一名教师，只有功底深厚、厚积而薄发、驾轻就熟，才能征服学生，并且最大限度地激发学生对知识对学科的浓厚兴趣，其威信才能深深地扎根于学生的心灵之中，才能让学生折服，进而为追求真理而奋斗不息。

"师者，传道授业解惑也"，随着社会的飞速发展和高科技产业的狂飙突进，知识更新的速度和频率愈来愈呈现出迅雷不及掩耳的态势，教师的知识储备也被相应地赋予了水涨船高的期望值。

适应现代化教育的教师科学文化素质，应当是多层的、宽广的。教师如果仅仅只是某一学科的教学能手，已远远不能适应社会的需要，而必须是理论和实践、教学与生活相结合的"全能型教师"。具体地说，就是指既会教学，又懂教育，还能进行科研的教师。从教学方面来看，教师应是一专多能，既能在某一学科有较深的造诣，又能从事相邻学科或相关学科的教学；从教育方面来讲，不仅教师本身要有较强的自律性和责任心，有高尚的职业道德，成为教育学生的"学习模范"，而且能成为面对一群有个性学生的教育家；从科研方面来看，未来社会还要求中小学教师具有较好的科研素质。

尤其需要强调的是，在高举素质教育大旗的当今社会，教师应该充分认识到传统教学的某些弊端及其危害，努力摒弃那些重知识轻智能、重分数轻能力、重课内轻课外的陈旧理念，本着对下一代高度负责的主人翁精神，变传统的应试教育为现代化的素质教育，培养每一个学生在将来的竞争环境中具有较强的生存能力、创新能力。

教师的现代化教育技术水平直接影响着教育教学效果，影响到学生的学习行为和学习方式，对学生有着直接的、间接的、潜在的等多重影响。

（三）身正为范，以正直的行动引领学生

教师对学生进行的教育方式，不仅有言教，还有身教。言教在于说理，以提高道德认识；身教在于示范，实际指导行为方法。教师身教的示范对学生有重大的感化作用，因此身教比言教更为重要。教师应该以自己合乎道德规范的行为给学生做出榜样，凡提倡学生做的，自己必须先做到，要求学生不做的，自己首先不做，所说的和所做的一致，才能在学生心目中树立威信。以身作则这一教育原则，对教师提出了严格的要求。孔子说："其身正，不令而行；其身不正，虽令不行。"又说："不能正其身，如正人何？"意为本身作风端正，虽树立了好榜样，不用下命令也能行得通；本身作风不端正，虽然下了命令，也没有人愿意听从。自己都不端正，如何能去端正别人呢？这些道理来自社会实际经验，不仅适用于道德教育，而且还具有普遍的意义。

孔子的这句话指出了以身作则在日常教学管理中的重要性和必要性，反映在教学工作中则说明"为人师表"对于学生的影响是十分重要的。捷克教育家夸美纽斯也指出："教师的职务是用自己的榜样教育学生。"俄国教育家乌申斯基则告诉我们："任何章程和任何纲领，任何人为的管理机构，无论他们设想的多么精巧，都不能代替人格在教育事业中的作用。"一句话，要照亮别人，首先自己心中要有火种。教师要想不愧为"人类灵魂工程师"的光荣称号，就必须在人格塑造上勇于履行"以身立教，为人师表"的道德要求。

可以说，教师就像是路标一样，指引着学生的学习方向。每个教师的一举一动、一言一行、一思一想、一情一态，都清晰而准确地印在学生的眼里、心里，这就是无声路标的示范性，这种示范性将在学生的心灵深处形成一股排山倒海般的内化力。因此在日常的教学生活中，教师应注意约束自己的一些很不起眼的缺点，努力为学生树立榜样。

总之，教师的表率作用是全方位的、巨大的，要从事教师这个光荣的职业，首先就得自觉地改造世界观、人生观，加强自身思想道德的修养；努力提高自己的学识水平，具有广博的知识；在学生面前应该是学者、是良师、是益友；事事恭谦，懂得与人和睦相处，有博大的、宽广的、坦荡的胸襟，包容学生与他人的过失；更应该淡泊名利，安贫乐道；还要养成良好的行为习惯、高尚的道德情操、高雅的审美情趣，做有人格魅力的老师，成为学生与他人的学习楷模和典范，这样才配得上"教师"这个光荣的称号。也只有这样，教师才能保证教书育人的实效，学生才会"亲其师，信其道"，进而"乐其道"。

二、注意润物无声的教育

教师是实施素质教育的主力军，根据学生模仿性强的特点，教师的表率作用非常重要，要求学生先做到的，教师应该先做到。身教重于言教，教师应从自我做起，一言一行、一举一动为人师表，使学生从小养成良好的心理素质，成为学生成长过程的良师益友。德国教育家第斯多惠要求教师"只有当你不断地致力于自我教育的时候，你才能教育别人"。只有这样，教育才能润物无声。

试问如果教师教育学生助人为乐，自己却自私自利；要求学生讲文明礼貌，自己却随地吐痰、出言不逊；要学生遵守校规自己却不遵守纪律、自由散漫……那么这样的教师，还有什么威信可言呢？更谈不上给学生起表率和带头作用了。我们来看下面的一个例子：

前不久，我在一位书写极不规范的学生作业本上随手草书了

"书写要认真"的批语。可是，这名学生再次交上的作业书写仍然没有进步，我气愤地把他叫到身边，指着上次作业的批语，严肃地批评道："作业书写态度要端正，你把这行批语读一遍。"这名学生看了好一会儿，胆怯地说："老师，你写的批语中有的字我也不认识。"我的脸一下子红到了耳根，脑海中不停闪现的便是"我是他书写不规范的榜样"！

再次批改作业的时候我认真地将自己的评语写在学生作业的后边，我以身作则的态度感染了学生，慢慢地他交上来的作业也越来越认真了。

上面的事例阐述了一个道理：要求别人做到的自己应该先做到，可见以身作则、率先垂范的重要。要求学生做到的，自己却做不到，就会带来反面的影响，其后果是很严重的，教育肯定也收不到什么成效。

有人做过这样一份针对教师上课迟到的调查问卷：

问题设计：你上课时迟到了三分钟，到课堂后你第一件事做什么？

调查结果：在有效回收的94份问卷中，只有三位老师说，他上课从没有迟到过，并说，如果他迟到，他会向学生解释迟到的原因，向学生道歉。其余老师几乎都一致回答说，我会向学生道歉，并解释迟到的原因，然后上课。一位老师说，老师上课迟到要比学生上课迟到严重得多。因此，他说自己上课从来不敢迟到，因为他一人迟到会耽误许多人的时间。

点评：那三位从没有迟到过的老师是令人敬佩的。当老师，就是要为人师表，以身作则。上课迟到，不论是对老师还是对学生来说，都是不尊重对方的表现。

在社会关系中，每一个人都希望得到别人的尊重。在师生关系中，这种尊重也应该是相互的。从案例中对教师的调查情况来看，教师上课迟到的现象也很多。如果每一位教师都能像上述例子中三位教师一样以身作则，以自己的行动来教育引导自己的学生，相信学生也会遵守纪律，做到上课不迟到的。因此，教师一定要时时处处为学生做出榜样，凡是教师要求学生要做到的，自己首先做到；凡是要求学生不能做的，自己坚决不做。严于律己，以身作则，才能让学生心服口服。

（一）注意细节

细节可以决定成败。欧洲有"魔鬼存在于细节之中"的谚语，中国也早有"一屋不扫何以扫天下"的古训。然而不注意工作细节的人仍然比比皆是，他们大大咧咧、马马虎虎，并豪气冲天地认为，年轻人何必婆婆妈妈纠缠小节。其实，一些不经意间流露出来的"小节"最能反映出一个人的深层素质。

我们不妨来看下面的一些事例：

【事例一】

美国"太空3号"快到月球了，却无法登陆，花费几亿美元的航天计划只能无功而返，原因只是一节价值30元的小电池坏了。

【事例二】

一家制药厂，准备引进外资，扩大经营规模，他们邀请了德国拜尔公司前来考察。在进行了短暂室内会谈之后，药厂厂长陪同代表参观工厂。参观制药车间的过程中，厂长随地吐了一口痰，拜尔公司的代表看到后，马上拒绝继续参观，也终止了与这家药厂的谈判。

【事例三】

国际名牌POLO皮包，凭着"一英寸之间一定缝满八针"的细节承诺和实践，20多年立于不败之地。

【事例四】

有一个年轻人去一家汽车公司应聘。和他同去应聘的几个人学历都比他高，从他们出来的表情来看，面试很不错，他忐忑不安地敲门走进办公室，在门口，他看到地上有张纸，便弯腰捡了起来，顺手把它扔进了纸篓后，来到董事长的面前。

董事长说："很好，先生，你被录取了。"

年轻人惊讶地说："董事长，我觉得前几位都比我好，您怎么录用我呢？"

董事长说："前面三位学历都比你高，而仪表堂堂，但是他们的眼睛只看得大事，而看不见小事。而你的眼睛能看见小事。我认为能看到小事的人，将来能看见大事；一个只看到大事的人，会忽略很多小事，忽略小事的人，是不会成功的。所以我录用你。"

年轻人就这样进了汽车公司，后来他做了公司的董事长，公司名为"福特"。

上述的几个事例说明了同一个道理：很多的大成功大失败都蕴藏于细节之中。联系到教育事业，我们可以从中得到很多的启示。教育原本也不是什么惊天动地的伟业，教育只是一些小事情，我们每天要做的就是这样一些小事：

1. 把课上好，上课前应该花充分的时间备好每一节课。

2. 学生迟到旷课，耐心地询问是不是生病了还是别的原因。

3. 学生犯错误了，不是厉声怒吼，而是和言教导。

4. 走进教室前整理一下衣装，注意一下仪表。

5. 答应学生的事情，哪怕是很小的事情也要很好地去兑现。

6. 批改作业时看看哪些同学没有交，提醒一下；作业做错了，想想应该怎么去辅导。

教育工作无非是做这样的一些小事，也正是因为如此，每个教师只要投入地工作，就都能把这些小事做好、做到位。"十年树木，百年树人"，教育是培养人的事业，不是一朝一夕就能完成的，正如飞机这样一个庞然大物是由几万个小零件组合起来的一样，学生的培养要靠教师一点一滴地去做，这是一个大量地做小事情的过程，也是一个长期的过程，不可能有"速成班"。

不妨回忆一下，印象中教育给人们留下的一些永远不可磨灭的东西大都不是惊天动地的，而是那些不经意间的小事，或许是教师的一个举动、一个眼神、一个期待、一个微笑，或是师生之间一次简短而平和的对话，其间饱含的浓浓真情都是教师在为人处世过程中所折射出来的人格魅力。

在学生看来，教师的形象是无比高大的，教师的威信是无可怀疑的，教师是真理和美德的象征，是一切美好的化身。他们期盼着从教师信任的眼神、微笑的脸庞、亲切的话语中得到鼓舞和教诲，他们确信教师是自己可以仿效的榜样。教师的任何一个"不经意"，将使几节、十几节、几十节课的素质教育毁于一旦，给学生造成一时一事、一生一世的影响。今天的学生对于国家来说是未来，对于家庭来说是希望，对于学校来说是财富，每个教师都必须知道：没有教不会的学生，只有不会教的教师；没有教不好的学生，只有不好好教的教师；在学生面前，每一个教师都应该是一面旗帜，都应该是学生的榜样。

表率无巨细，教育无小事，影响人的教育往往就蕴藏于那些很小很小的细节之中。小事不"小"，教育从小事做起，从点点滴滴做起，勿因善小而不为，勿因恶小而为之。教书育人既要春风化雨、润物无声、潜移默化，又要有看得见、摸得着的实效。

无论是校长还是教师，我们都要俯下身子来关注教育中的细节，履行我们的职责。

学校无小事,事事有教育;教师无小节,处处是楷模。教师正是要从弯腰捡纸、随手关灯、扶起倒地的扫帚这些小事入手,引领学生,规范学生的行为。天长日久,教师的弯腰俯身不仅可以赢得学生的信赖与尊敬,同时可以赢得学生家长的尊重。

俯下身子,一个弯腰的动作,做起来不过是举手之劳。俯身捡起的是纸片,净化的是环境,熏染的是习惯,提升的是品格。

（二）严于律己

在大众的心目中,人民教师是最好的表率。尤其在学生心目中,教师更是他们时时、事事、处处的榜样,他们从教师那里学文化、学知识,也学教师的思想、性格以及做人的道理。为此,作为教师就必须在各个方面以较高的标准来严格要求自己,以树立学生心目中学习的榜样。

教师要想做好学生的表率,需要从以下几方面做起。

1. 诚实守信,说到做到

如果教师只是说得好听,而在行动上却是另外一种样子,学生就不会听教师的话,有的学生还可能口是心非、言行不一,成为"说话的巨人,行动的矮子",成为言而无信的人。

学生是有思想的人,他们对教师不但听其言,而且观其行。教师只有以身作则、诚实守信,才能赢得学生的信任、爱戴。

2. 端正学风,热爱科学

教师要把学生引入科学真理的殿堂,自己就必须具有热爱科学、追求真理的品德,这样才能培养出求实、严谨、虚心、刻苦的学生。学风是一个人的人格品质和精神风貌在对待科学真理态度上的集中体现和反映,教师的优良作风对于引导学生形成爱科学的品德、正确树立学生的学风是一种无形的力量,教师要用自己的行动告诉学生:人活着,就要敢于为真理抛开个人得失,敢于为求知而坚持不懈地奋斗。教师要致力于形成一种适应时代要求的、专博相济、富有活力的知识结构，从纵向上讲，应当学有专长，术有专攻，对自己所任学科有较为深入的钻研；从横向上讲，应当具备相当开阔的科学视野；从发展上讲，应当随着时代和科技的发展而不断更新知识，为自己的知识体系形成一种开放的态势。只有这样，教师才能适应教育教学改革，适应不断深化的客观形式的要求。

为了端正学生的学习态度、唤起学生对科学的热爱，在课堂教学中当学生进入疲劳期时，教师可以讲一些学生乐于接受的科学逸事，在潜移默化中培养学生对科学的认知、陶冶学生对科学的态度：相信科学，热爱科学，不墨守成规，不迷信权威。

严谨，即严谨治学，严谨治教。教师必须掌握广博精深的知识，并能跟上时代，不断摄取新的知识，这就要求教师有严谨的治学态度。科学的本质是求实求真，来不得半点轻浮和马虎。学海无涯，对于日新月异的科技进步，我们应该有一种紧迫感和学而不厌的精神，要时刻自警，不努力学习和更新知识，甚至会落后于学生。

对于教过千百遍的非常熟悉的教材，教师也不能草率了事，必须不断修改和完善自己的教学方案，对于教学环节的安排、教学方法的运用和知识观点的阐析，都必须力求精细、合理和缜密，做到一丝不苟、精益求精。

教师只有严于律己，才能引导学生严格要求自己，才能培养学生实事求是的态度，在人生的道路上不断前进。

第五节　创新精神

一、树立创新理念

理念是行为的灵魂，起着指导和统率作用。先进的教学理念可以产生积极的教育行为，使教育获得成功；而落后的教育教学观念将导致教育的失败，伤害我们的学生。

教师在教学中应该有所创新，体现新理念、新手段、新方法，通过对中小学教育的思考与研究，形成一套独特的教育思想与教育理论。没有研究，就不会对教育有真正的感悟；没有思考，就不会点燃教育创新的火花；没有潜心于教育创新的实践，就不会成为名师。

我们应当具备批判精神与批判意识。不唯书、不唯上，这一点对青年教师而言，显得尤为重要。我们要"换一种思路，换一种生存方式"来消除"知足常乐"所带来的消极影响，打破思维定式的束缚，从"应该怎么做"和"不应该怎么做"的框框中解脱出来，充分发挥自身的创造性思维，挖掘自身的潜力。

有这样一个例子：

上海市有位叫茅嘉凌的学生，小学毕业后未能进入重点中学，因而失去了学习的信心，自愿当了学徒工。谁知三年后，他读小学时发明的"穿绳器"却获得世界发明奖，茅嘉凌这才重新获得求学的机会，但已失去了黄金般的三年岁月。

这件事说明了按分取人，往往把那些学有创见却考分不高的学生挡在重点学校门外。但是，如果不这样做，那么又如何在招生中保证公正？试想，这样有创见的学生到了重点学校后，在沉重的课业下还能有所建树吗？

谈到教育创新，不能不涉及教育哲学。现在，在教育领域出现的一些形而上学的东西，缺少辩证观、缺少发展观，然而就是这些左右教育改革的重要因素，让学校的管理者和教师不能正确、全面地看待发生在课堂上的各种问题，不能面对信息时代下学生身心发生的变化，不能面对或正确审视自己的教学行为，而是以一种排斥、习惯、僵化的理念去消极对待新事物、新情况、新问题。因此，作为一名在专业化道路上积极探索教育创新的教师，作为职业化道路上发展的教育管理者，在其成长道路上要有哲学思想。正如冯友兰先生所说的："哲学的用处，不在于增加实际的知识和才能，而是使人改变自己的生活态度，使人对宇宙与人生的理解体现出一种人格、胸襟和气象。"

法国科学家约翰·法伯曾进行过一个很著名的"毛毛虫实验"。他在一个花盆的边缘放上一些毛毛虫，让它们首尾相接，围成一个圈，同时在离花盆周围十几厘米的地方撒了一些它们最爱吃的松针。由于这种毛毛虫天生有一种"跟随者"的习性，因此它们一只跟着一只，盲目地跟着前面的毛毛虫，绕着花盆一圈圈地爬行。令法伯感到惊讶的是，这群毛毛虫当天在花盆边缘一直走到精疲力竭才停下来，其间曾稍做休息，但是没吃没喝，连续走了十多个小时。时间慢慢过去了，一天，两天……守纪律的毛毛虫队列丝毫不乱，依然这样没头没脑地兜着圈子。连续几昼夜之后，它们饥饿难当，精疲力竭，一大堆食物就在离它们十几厘米远的地方，结果却一个个地饿死了。

毛毛虫的悲剧就在于它们的这种盲目地追随，它们没有自己的目标，缺乏自信，只能随大流，从而导致自己悲惨的命运，当然这种结局也在于跟随着的毛毛虫缺乏足够的信息。我们的教师首先应该确立自己的发展目标，而不是盲从跟风，应该具有敢于争先、突破条条框框的勇气。其次，所确立的目标要适合自己并有利于自己的职业发展，在具体实践中不断地进行调整，在不同的阶段中找到自己发展的位置，确定不同层次的职业发展目标。要做到这两点，就应该树立与时俱进的创新教育理念，加强学习与信息交流，尽力解决那种由于信息不对称、判断能力差所带来的弊端，减少盲从行为，理性地看待问题。

创新型的教师要善于思考，也就是说要有自己的"思想"。而这种思想的形成就应当建立在学习、理解、批判、质疑、建构和通过消化吸收进而创造的基础上。因此，教育创新的基础在于教育管理者、在于教师。而创新型教师要具备创新意识，具有发现问题、分析问题、解决问题的能力。亚里士多德说："思维是从疑问和惊奇开始的。"当一个人长期处于无问题的状态，则说明其没有积极思考、没有进取，也就没有发展和创新。创新型学习要从传统学习模式中解脱出来，向创新型学习模式转变。当然，积极的学习心态尤为重要。

创新型教师应该敢于否定自己、超越自我。

创新教育的根基在于有一大批创新型教师的涌现。在社会急剧变革的今天，我们应该顺应潮流，做一个教育改革的实践者，从否定自己开始，不断地追求卓越，不断地攀登高峰。在实践中，潜心研究，勇于探索。如果我们还死守以往的经验不思进取的话，那么将来肯定是会落伍的。

作为一个优秀的教师，重要的一点就是要树立起与时俱进的先进的创新教育理念。只有具备了先进的教育理念，才能指导教师做出不凡的成绩。

二、拥有教育思想

现在的大部分教师，只是满足于"知足常乐"的现状，缺少一种胸怀国家、奉献教育的远大理想，这也局限了教师的自我发展方向。

墨子说过："志不强者智不达。"作为教师应给自己的人生定一个大航向："要做教育家，不做教书匠。"只有树立这样一竿标尺，才会激起更大的热情和干劲，也才能干出一番轰轰烈烈的事业。

那么，先让我们来看看什么是"教书匠"，他们又是怎样做教师的。

"教书匠"一词源出于旧时一些安贫乐道的教书人的自讽，现在人们借用它来形容某些目光短浅、急功近利、舍本逐末的教师。这些教师只把眼睛盯在学生的考试成绩表上，学生取得了好一点的成绩，他们就沾沾自喜、得意非凡，至于学生们将来会成为一个怎样的人，则不在他们的关注之列。同时，他们把学生的成绩当作用来同其他教师一较高低的筹码。尽管他们有些也能够辛辛苦苦，甚至兢兢业业地工作，却终难逃脱出一个教书匠的窠臼。他们常常不自觉地伤害学生，压制学生心灵深处那些质朴美好的东西而不自觉；他们没有更远大的追求，没有真正承担起一个知识分子的社会职责，甚至也不能算是一个真正意义上的知识分子。自古以来，中国知识分子就有着"处江湖之远，而忧其君；居庙堂之高，而忧其民"这样一种关心国家、关心民族命运的传统。正是这样一群人，才使得我们的民族千秋百代世世相传，历经患难而长盛不衰。也只有这样一群教师，才能够培养一代又一代社会所需的人才。

反思当今的教育状况，像鲁迅式的大学教授、朱自清式的中学教师和斯霞式的小学教师实在太少了。要改变这一现状，除了要创造适宜的土壤和气候，让更多的教育家涌现，让他们来办教育、创新教育外，最重要的就是我们的每一位教师都要树立起"要做教育家，不做教书匠"这样一种与时俱进的观念。

那么，教育家又是什么样的教师呢？教育家型的教师，并不一定都是才高八斗、学富五车的教师，但他们都具备这样的气质：他们都怀有对事业的激情，有科学而严谨的头脑。教育家型的教师纵使也难免有这样那样的不足，却常常能够透过自己人格魅力的光华，于潜移默化中给学生以深层次的熏陶和感染。教育家型教师是极具创造性和影响力的教师，达到了教师职业成就的顶峰。

一个"教书匠"是谈不上爱不爱教育的，因为教书只是他的职业，只有"教育家"才谈得上爱教育，因为教育是他的事业。

说到这里，可能有的教师会说，做个"教育家"，天方夜谭吧？我这么一个不起眼的普通老师，怎么会成为教育家呢？其实，很多事情看起来高不可攀，但做起来并不是很难。教师处在教育的第一线，身边每天都发生着许多值得深思的案例。如果确实是个有心人，这一切都会成为财富，并托举我们逐渐到达一定的高度。

我们很多成名的教育"大腕"，诸如魏书生、宁鸿彬、于漪、李镇西等，不都是这样做的吗？而他们先前看似目的性不强的很多随笔，经过整理便成了深刻揭示教育规律的著作了，而他们就是我们这个时代的教育家。看到这里你会不会觉得做个教育家并不是一件多么难的事情呢？

有句话叫：不想当将军的士兵不是好士兵。想成为"教育家"重要的是想不想，而不是能不能。当然，想当将军的士兵不一定就能够成为将军，但至少他有可能成为将军。所以，教师要成为"教育家"重要的是"想不想"，而不是"能不能"。

有这样一则故事：

在一个建筑工地上，有三个工人在堆砖。有人问第一个人，你在干什么？他说，我在堆砖；问第二个人，他说，我在赚钱；问第三个人，他说，我在建高楼大厦。后来，第三个人经过艰苦努力成了一名建筑师。

从这个小故事我们可以看出：观念的转变是根本。教师只有自己切实转变了观念，把教育当作一项事业去做，才能获得成功，才有可能成为一位好教师。是想做一个教书匠，还是想当一个教育家，眼光不同，追求不同，境界自然也就会不同。

其实，教育家并不神秘，他们也是普普通通的教育工作者中的一员，他们也有缺点和不足，而且可能因为大力推进改革创新其缺点和不足还更容易表现出来。但是，教育家又是不平凡的，教育家是广大教育工作者的杰出代表。

那么，教育家型的教师具有哪些不同的素质呢？

作为一个教育家型的教师，首先要有自己的教育思想，有对教育的独立见解，有对教育理想的不懈追求。自古以来人们对教育的期望、对教育的理解就有不同，因此，每个人都有可能有自己的教育思想。但是教育家的教育思想更深刻、更系统、更自觉、更富有创见，并且更能坚持自己的教育信念。

教育家不仅有思想，更要有实践，能在实践中不断深化自己的教育思想，不断丰富自己的教育智慧，不断提高教育艺术。他们善于把知识的传授与人的发展结合起来，善于把个人的发展与集体的发展结合起来，善于把学生的发展与教师的发展结合起来，他们把抽象的理论、先进的理念融会到了每一个具体的教育细节中。

其次，教育家的思想须不断创新，能够与时俱进。教育家的思想不是一成不变的，教育家应该是一个追求卓越、富有创新精神的教师，而不应该亦步亦趋、因循守旧、毫无灵性可言。他应该不断探索、不断创新，是一个教育的有心人。一个人为什么能够成功，很大程度上是因为他是个有心人。如果年复一年、日复一日地重复自己，不思进取，不求变化，固定在自己的思维模式中不愿意挣脱，自然不会有什么成就可言。

教育家还必须具有伟大的人格。教育是挚爱，这种爱越是无私，越是深厚；教育是思想，这种思想越现实，越智慧；教育是信仰，信仰越坚定，越有力量；教育是追求，追求越执着，越有成果。在追求理想教育的道路上，有思想的冲突，有人际关系的矛盾，最重要的是有行动的风险。没有"捧着一颗心去，不带半根草回"的大爱，没有"我不入地狱，谁入地狱"的大义，没有"敢为人先，争创一流"的大志，就不能成为大教育家。苏格拉底、裴斯泰洛齐、马卡连柯、孔子、陶行知……当我们提到这些名字的时候，联想到的往往是他们视学生如己出、视学校如家庭、视教育如生命的形象。真正的教育家，留给人们的是思想，更是人格。

教育家不同于"名师"。作为一名优秀教师，名师要爱学生，有良好师德，是优秀的教学方面的专家。他们对规定的教材领悟得很深刻，对学生有充分的了解，并能够把两者很好地结合起来，把规定的内容教给学生，让学生融会贯通。但教育家不同，他关心的是教什么、为什么教，他所影响的是一个时代的人。

当然，要想做个教育家，还必须有持之以恒、坚持不懈的精神，而不是"三分钟热度"。许多年轻教师，在听了名家学者的讲座之后，马上得到激励，满腔激情地规划着自己的事业蓝图。但激动了一下、兴奋了一下，还没来得及实施，热情便消退了。在平时工作中，种种独到的体会也会时不时跑上心头，但因为懒惰，还没有付诸笔端，这些"思想的火花"就烟消云散了。作为中小学的教师，手头应该有一个厚厚的本子，随时记录平时的所失和所得，记录自己点点滴滴的教学思悟，时间长了，就会发现自己在不断提升。

一个想成为教育家的教师，还必须从最基础的做起，扎扎实实多读一些书，不读《论语》、不读陶行知、不读杜威、不读苏霍姆林斯基，恐怕很难成为教育家。任何一位教育家都不可能离开前代人的教育财富，事实上，很多的教育家只不过是把别人的财富应用到自己的教育实践中，提出很多理论上的共鸣而已。现在不少教师找不到感觉，就是因为自己"根基"太浅。作为一个教师，需要各方面的知识，一个知识面不广的教师，很难真正给学生以人格上的感召力。

不要把教育家看得多么神秘，也不要把教育家都想象成那些"德高望重"的老教师。其实，每一个教师，甚至是年轻教师都有可能成为一个教育家型的教师，关键在于是否对教育充满了热情，是否能做一个有心人，是否执着，是否有恒心，是否把教育当成事业来做。也许我们一辈子都成不了教育家，但至少那应该是我们对自己、对教育未来的一种负责精神，这样，我们也就问心无愧了。

三、反思教育方法

老子指出"圣人处无为之事，行不言之教"，这为教学开启了智慧之门。"无为"教学就是要依教学之理、顺学生之性，消解教师不当的"有为"给教学带来的干扰和阻滞，在教师貌似消极"无为"中实现师生真正的积极"有为"。

"无为"教学智慧的基本特征，就是要求教师在教学中不能"越俎代庖"，更不能"包办代替"，而是要通过引导使学生进行自化，从而达到师"无为"而生"自化"的目的。

早在三百多年前，捷克教育家夸美纽斯就在《大教学论》一书中指出要"寻求并找出一种教学方法，使教师可以少教，但是学生可以多学"。美国当代人本主义心理学家罗杰斯倡导"非指导性教学"，认为"没有人能教会任何人任何东西"。这就是说在教学过程中，学生要学会任何东西最终都要通过自己来实现，而不可能依赖教师去完成。教学实践也表明，当教师不过多地干预学生，给学生的学习尽可能多的自主时，反而能够激发他们的学习天性，收到出乎意料的教学效果，这就是"无为"教学的功效之体现。

"无为"教学启示我们，教师之"为"要"到位"，但不能"越位"。教师之"为"，务必立足于"学为主体"之上，决不能喧宾夺主；教师之"为"，重在"授之以渔"，决不能"越俎代庖"。然而在现实中，常见的情况是教师首先把知识切碎、嚼烂了，再通过简单的灌输方式喂给学生，这完全背离了"无为"的教学宗旨。

在实现自动化教育的过程中，聪明的教师应该学会10种方法：

给学生一个空间，让他自己往前走；

给学生一个时间，让他自己去安排；

给学生一个条件，让他自己去锻炼；

给学生一个问题，让他自己找答案；

给学生一个困难，让他自己去解决；

给学生一个机遇，让他自己去抓住；

给学生一个冲突，让他自己去讨论；

给学生一个对手，让他自己去竞争；

给学生一个权利，让他自己去选择；

给学生一个题目，让他自己去创造。

看似没有教，但是教会孩子的是自己对自己负责的精神；看似没有管，但是激发孩子的是自己想要学习的欲望和需求。最核心的一点，就是给了孩子自由，让他们自己去发展和创造。

干什么事情都要有苦干精神，但更需要有科学的、有效的方法，教育学生更需要这样。现在看来，我们的教师并不需要事事亲为。有时候，"懒惰"才是真正的艺术，其真谛就是把学生推到前台，教师隐到台后把学习和进步的机会还给学生。现在的许多教师就是太"勤快"了，明明是学生要做的事情一定要自己来做。结果是学生没有学好，自己学得倒是顶呱呱的。许多人还认为这样的教师是好教师，是师德高尚的表现。有些学校要把学生的学习包起来，白天教不会，还要在晚上带到家里继续教。教师不休息，学生也不休息，一同苦熬。

这种教师，他们勤勤恳恳地将一年的工作重复了几十年，从教时间与实践智慧并不成正比。要知道，教师的实践智慧并不依赖于工作时间，教师的实践智慧更重要的是依赖于非工作时间中的反思。美国学者波斯纳有一个教师成长公式：教师成长＝经验＋反思。而各种现代教育实验正是激发了教师的反思状态，立志"改变教师的行走方式"，很重要的一条就是让教师学会"懒惰"，不要事无巨细都一味"包办"。

现在，许多教师被灌输了大量的教育理念和方法，很难有自己的真正的反思。在繁忙的现象背后，是教师的智慧的丧失。

可惜的是他们并不一定能真正地感觉到这一点，他们多数认为这只是工作量太多所造成的疲惫，有一些人甚至以繁忙为荣，因为这代表着"成功"。

相比其他职业来说，教师职业的确是一种压力较大的职业。做教师非常辛苦，特别需要我们的教师找寻智慧的教学方法，创新自己的思维方式，要"懒"出成果来。唯有如此，教师才可以把平和的情绪和开阔的视野带到工作中来，改善教育质量，创新我们的教育。

四、坚持终身学习

教师要与时俱进，必须加强学习。因为，只有不断地学习，才能达到创新教育的目的。

教育教学是一项繁复的工作，要求教师具有渊博的知识基础、深厚的文化底蕴、良好的教学素养，这就要求我们的教师要有不断学习的精神。

教学相长，教师常被看作知识的象征，没有知识就不能为师，所以，知识修养是教师赖以为本和创新教育教学方法的基础，也是赢得学生尊重、树立教师威信的重要条件。因为在学生看来，教师首先应该是学识渊博、专业精深的人，而学生常常又会因崇尚教师广博的学识，从而产生对教师的敬慕之情并萌发刻苦学习、奋发向上的内驱力。《学记》很早就意识到这一点，它把学识渊博并能够灵活运用知识去分析解答学生提出的各式各样实际问题作为择师的重要条件，认为这是教师必不可少的人格特征。那么，作为一个合格的教师，在学习方面应如何去做呢？

（一）努力钻研业务知识

古人云："师者，所以传道授业解惑也。"这就要求教师必须具有精湛的业务知识，"要给学生一碗水，教师必须具有一桶水"，业务不精的教师只能是误人子弟。

1. 精深的专业知识

"教书"是教师的天职，而教师的专业知识是教学能力的基础，是履行教师职责的基本条件。教师只有掌握了精深的专业知识，并能做到举一反三、触类旁通、运用自如，"教书"才能得心应手。不仅如此，教师还要了解、掌握本学科的最新发展动态，开阔教学视野，不断更新和完善自己的知识结构。

当今世界，科学技术日新月异，新知识、新技术层出不穷，新信息、新观念迅速传播，这就要求教师必须与时俱进、勤于钻研、勇于探索、开拓进取，善于接受新观念，勤于汲取新知识、新信息，使自己始终站在知识的前沿，只有这样才能满足学生对新知识的追求。

2. 渊博的综合知识

要培养学生的全面素质，教师必须首先具备全面素质，必须具有高层次的人文素养和科学素质。不难设想，一个没有高尚精神生活、对美没有强烈追求的人，很难在学术上做出重大贡献。从另一方面讲，在信息时代，青年学生智力发育和身心发育异常迅速，他们思想活跃、兴趣广泛，有着强烈的好奇心和求知欲，接触知识的渠道也空前广泛，只有教师具备渊博知识才能满足他们的要求。

因此，在精通专业知识的前提下，教师还应积极拓宽自己的知识面，不断扩展自己的兴趣爱好，以不断满足学生的求知欲望。

（二）把握好学习的几个问题

1. 知识储备不能仅局限于实用

教育工作者的职责不是单一地传授给学生某方面的知识和技能，而是要有促使他们全面发展、健康成长的丰富、系统的知识。这就要求教师的知识不能太单薄，而要以全面的知识素养为根基。

比如一位教师是教数学的，数学知识没有问题，但要是课堂上出现了其他知识他又不具备怎么行？所以教师不能教哪门学科就学哪门学科的知识，还要兼顾学习其他学科的知识。同时，光有教学方面的知识还不够，诸如人文方面的、社交礼仪方面的、为人处世方面的知识同样要具备，这样在教学中才会游刃有余，否则就会捉襟见肘。所以，要通过不断学习来充实自己的能力，提高自己的水平，做一个专业知识精深、文化知识广博、社会知识丰富、有创新精神的合格教师。

2. 教学技能不能仅拘囿于经验

教学工作是一项不断探索、与时俱进、常做常新的系统性工作，它有规律可循，但没有一成不变的经验可依。我们面对的是具有独立个性的、不断发展变化的学生，不同的年龄、不同的时期、不同的环境，学生的差异性是显而易见的，我们不能靠固有的经验去适用一切学生。

有这样一个寓言故事：

一头驴子每天给主人驮货物到河对岸去。有一天，它每天必经的桥断了，它就涉水过河，上了岸以后，它感觉背上的货物越来越轻，不禁暗自惊喜。因为它这天驮的是盐，过河时盐被水浸湿后溶化了，越来越少，所以越来越轻。第二天，它又驮了两大袋货物过河，有了昨天的经验，它还专门往水深的地方蹚，不料背上的货物却越来越重，压得它站不起来，任凭它怎样挣扎也无济于事，最后淹死在河里。它不知道今天驮的是棉花，不会像昨天的盐一样遇水后越来越少。驴子凭经验丢了性命。

有的经验可以借鉴，但是如果过于迷信以往的经验而不知变通，其结果往往适得其反。有的教师为什么教了十几年甚至几十年的书，教学水平还是没有长进，教学质量还是提不高呢？就是因为他从来没有更改过自己的教学设计和教学方法，单凭以往的教学经验来应对千变万化的学生。在教学上我们不仅要尊重规律，更要尊重学情。

孔子告诉我们要"教学相长"，学生都变化了，有长进了，教师还能原地踏步吗？因此，我们的教师决不能固守个人已有的经验，而是要不断地改革、创新、探索新的教学方法，以适应新课标的要求。

3. 履职意识不能仅停留于形式

教师是一个特殊的行业，从事这项工作仅仅完成本职工作远远不够，因为我们的工作对象是"人"，而处于学习成长过程中的"人"——学生更是一个特殊的群体。

我们要胜任"育人"这一工作，除了要有足够的专业知识外，还要有无私的奉献精神、勤奋的园丁精神、积极向上的拼搏精神、认真执教的敬业精神、博大的爱心、高度的责任心等。教师不但要具备这些职业素养，而且要时时处处践行，把这些职业素养真正潜化为教师的一种气质。

我们不能只在学生面前像个教师，在学校里像个教师，我们要能不管在什么时候、什么地方，都体现出教师这一职业的知识与素养，体现出教师这一称呼的高尚与光荣。

广博全面的文化知识、熟练高超的教学技能、高尚无私的道德品质，是学生所希望的，也是我们教师所必需的。一个好的教师、一个优秀的人民教师、一个敬业爱岗的模范教师，不仅要具备学富五车的渊博知识，还要不断地学习、不断地汲取、不断地创新，才能把清新的活水源源不断地输送到学生的心田，浇灌学生纯净的心灵，让他们最终绽放出美丽的花朵。

第二章

教师的仪表风度

第一节 教师仪表

一、教师的仪表形象

一个人的仪表形象会对他人的心理产生重大的影响，因此教师的仪表形象的好坏，在教育中有着重要作用。

一个人的仪表特别是外貌对他人的心理有何影响呢？美国著名心理学家阿伦森在一次实验中选择一名天生丽质的女性，让其扮成临床心理学研究生，给大学生的个性做临床评议。当这名女性打扮得很不得体时，被测试的大学生似乎不关心她给予自己的评价。然而当她打扮得十分漂亮时，得到好评的大学生很喜欢她，得到差评的大学生表示愿意再来参加实验，以促使她改变对自己的评价。上述实验结果表明，外形美是人与人互相吸引的一个重要因素，一个人的形象会不同程度地对人们产生影响，影响着人们对他（她）的态度。

教育心理学的研究也同样表明："教师的仪容体态，对学生的心理有一定的影响，特别对幼儿园、小学、中学的学生影响较大。教师仪容不整，反映其精神面貌不佳；奇装异服，也有损形象，都不利于教育工作。只有仪表大方、衣着整洁朴素，才能引起学生的尊重和好感。"因此，一个教师在仪容体态方面给学生的印象，是影响教师能否引起学生的尊重和好感、能否在学生中获得威信的重要因素之一。心理学有关研究还表明，一般来说，教师的威信又影响着他的教育效果，即教师在学生中威信越高，他的教育效果就会越好。所以，教师的仪容体态给学生的印象，又直接影响着他对学生的教育效果。如果一个教师不修边幅，不仅得不到学生的尊重和好感，而且学生对他的批评或表扬往往也会采取不以为然的态度。

上述分析说明，注意自己的仪容体态是学校教育工作中每位教师不可忽略的问题。因此，教师应十分注意自己的仪表，力求留给学生良好的形象。这里提出几个注意要点：

（一）注意衣着打扮

一个人的衣着打扮是仪表的一部分，会直接影响一个人的仪表。教师的衣着打扮，一要考虑得体，即符合教师的职业特点、适合教师的身份。过分要求清一色的灰、蓝、黑等服饰，会显得呆板、死气沉沉，但奇装异服更有损形象。教师的衣着打扮应既朴素又美观大方；二要考虑合体，即要适合教师的性别、年龄、长相、身材特点。不同性别、不同年龄教师的衣着应各有特点，不必整齐划一，要综合考虑自己的长相、身材特点，不可一味地赶时髦。

（二）讲究个人卫生

个人卫生，是仪表美的重要标志之一。一位教师能否讲究个人卫生，将直接影响学生对他的印象。因此，教师要常洗澡，常剪指甲，常理发，常换洗衣服。男教师不宜留长发、蓄胡子，上课前应梳头，整理一下衣服。整洁能给人以愉快的感受，教师应留给学生仪表整洁的良好印象。

（三）注意举止风度

教师的形象，不仅表现在容貌、衣着上，还表现在举止、谈吐、表情、态度上。这些仪表风度反映出一个教师的思想情操、意志、品德、人格、学识水平等，也是教师心灵美的主要标志。马卡连柯说："教育工作人员和学生一样，需要说话的时候才说话，需要说多少就说多少，不能随便靠在墙上和伏在桌上，不躺在沙发上，不随地吐痰，不乱扔烟头。"因此，为塑造良好的仪表形象，教师应注意自己的举止，即举止得体、庄重大方、谈吐文雅、神态自然、待人亲切和蔼。

这里要指出的是，一个人的外表修饰和言行举止必然受到其内在素养的制约，因此，最根本的是要注意提高自己思想、道德、文化等方面的修养。

二、教师的仪表行为

所谓仪表行为，是指人在一定的思想情操的支配下所表现出来的外在的气质风范（包括容貌、姿态、风度等）和行为活动。通常来说，一定的仪表行为具有一定的典范性和表率作用，是人的内在的心灵美和外在的仪表美、行为美的和谐统一。

因此，仪表行为所体现的内容主要包括两个方面：一是直接表现人的外在美。人的外在的风度气质与行为活动是外在美的最好体现，它是在一定的内在的思想道德文化素养的基础上，在较长时间的社会活动中逐渐形成的，主要通过人的容貌姿态、言谈举止和穿着打扮等反映出来。气质风度是外在美的最高层次与体现。二是反映人的内在美。内在美即我们通常所说的心灵美，它是人的一切美感中最本质的东西，是一定的思想道德情操及文化素养的最好体现。它通过人的外在的言谈举止、音容笑貌透露出来，是外在美的本质与灵魂。

一般来说，一定的内在的品质与情操影响着外在的风度与气质，一定的外在的风度气质与行为活动也表现与透露着一定的内在的品质与情操。内在的品质与情操（即内在美）是源头，是根本；外在的风度气质与行为活动是支流，是前者的外化与具体表现形式，二者是互相联系的和谐统一。但由于人的因素的复杂性，内在美与外在表现之间往往要受到审美价值和其他因素的影响，使二者有时又具有不一致性，突出地表现在：有的或工于自身的内在修养，疏于外表；有的或埋头致力于自己所醉心的事业，无暇旁顾；当然也有的以清高自居，不屑于一些相应的外在仪表行为；有的衣着考究、仪表堂堂、风流潇洒、气宇不凡，很有些正人君子的味道，但是道德败坏、思想庸俗、品格低下，空有一副漂亮的外表，追求的却是低级趣味的东西。可见，外在的美虽然受到内在的美的影响与制约，但其自身有时也具有一定的独立性，并非完全都能为内在美所规定，也并非都能准确地反映、揭示出内在的品质情操。因此，为了达到仪表行为的内外统一、神形兼备，对教师的仪表行为做出一定的规范是很有必要的。

所谓教师的仪表行为，指的是教师在一定的职业道德的支配下所表现出来的教师这一职业所特有的气质风范及育人行为，是教师的内在品格素养与外在气质表现的有机统一。对受教育者来说，教师的仪表行为具有示范与样板的作用，是他们学习、向往的典范与榜样。就教师职业来说，虽然现实生活中的教师的仪表行为因人而异、千姿百态，具有一定的个性特征，彼此之间也都存在着这样或那样的差别；但从整体上来说，相应教育层次上的教师的文化素养、文明修养、知识结构层次，乃至思想意识、道德水平及价值观念等，大体相似。在长期的教学实践中形成了教师职业内部的共同的职业道德习惯，有着以教书育人为目标的共同仪表行为特征。教师属于有知识、有文化的知识分子阶层，睿智、谦和、含蓄、真诚、仪态端庄、文雅大方，这是为人师表的职业仪表行为特征。

一个真正的教师，大都具有较高的文化素养与功力深厚的专业知识，职业的特点要求他头脑敏锐、思维活跃，有灵活机智的思辨能力与分析问题、处理问题的能力。同时，教师课堂内外随时都要应付与处理千奇百怪的突发性提问，这就要求教师必须具备睿智的职业素养。谦和、含蓄、热情、诚恳、文明礼貌，则更是教师的自身素养的体现与垂范于受教育者的美德。

　　长期的教学生活大都使教师形成了良好的道德风范与习惯，他们尊重知识、尊重他人、崇尚进取、不尚空谈，言谈举止特别注意谦虚谨慎、虚怀若谷、诚以待人，很少愿意表现自己。职业的要求还使教师处处注意言传身教，以自己的实际行动去影响、带动和教育学生，美化他们的心灵。至于仪态端庄、文雅大方，更是教师沉稳持重、气度优雅的体现与要求，也是一个教师的良好的职业形象所必备的风范。因此，教师的仪表行为要求教师不仅要具备常人所具有的仪表行为，而且要具备教师职业所特有的仪表行为习惯、道德品格，以及良好的为人师表的思想情操，呈现给受教育者一个完美的内在美与外在美兼备的教师形象。

　　教师的风度是教师仪表行为的核心。风度是外在的衣饰容貌、言谈举止所反映出来的仪态或风姿，与内在的品格情操和精神风貌所形成的风采或风格的和谐统一。因此，教师风度的展现首先要求教师的内在美与外在美要协调一致，所展现出的教师风度要具有教师的职业习惯特点，是教师的风姿与风采的统一。尽管如此，和其他职业相比较而言，教师的职业特点规定了以教书育人为目标的教师形象风度，更多地偏重于内在的操行修养和人格的完善。内在美在教师职业道德的审美过程中，相对来说起着重要的决定性作用，所以展现内在美的外在仪表风度便不能仅仅指一定的容貌姿态、衣着服饰，主要是指能够展现内在的心灵美的气度，是内在的心灵美的外在的自然呈现与流露。

　　一个人可能无法选择他的自然外貌，但可以通过努力使自己的心灵更美一些，从内在美中得到弥补。对于一个教师来说，也同样如此。一个有责任感的教师，纵然没有漂亮的外貌姿容、美丽的打扮，但只要能在教师的职业仪表行为要求下树立起高尚的为人师表意识，也同样能以自己的内在气质和美好的心灵影响、感染、打动受教育者，使受教育者从中得到教益与启迪。那么，他的形象、他的气质风范也同样是美好的，是高大而又令人尊敬的。反之，如果一个教师虚有其表、胸无点墨而又缺少高尚的道德情操，却刻意于外表的展现，疏于心灵美的塑造，则与教师教书育人的目标宗旨大异，不仅不能较好地对受教育者起到垂范、表率的作用，而且有可能产生意想不到的逆向效果，直接偏离了我们真正的、主要的教育目标与育人宗旨。其次，教师的风度不仅要求内在美与外在美的和谐统一，而且要求教师要具有一定的良好的个性美，教师的风度是个性美和共性美的统一。"美就是性格"，一定的个性美也有助于一个人呈现出自身的独创性与不同凡响，有助于其产生独具魅力的感染力与慑人的力量。

教师的职业特点要求教师的仪表行为既要注重外在美，更要注重内在的心灵美，注意陶冶自己的情操。内在美与外在美的和谐统一，才是完整的美、真正的美，才能使仪表行为光彩照人。

第二节　教师风度

作为一名教师就应该为人师表，为人师表必须言传身教。"言传"和"身教"作为教育的两种行之有效的基本手段，历来是相辅相成、紧密联系和不可分割的。契诃夫说："要知道，由活的人所说出来的话，不单是只靠它的内容来激发对方的思想和感情的。这里有一副兴致勃勃的面孔，有一双一忽儿在科学的丰功伟绩面前燃烧着赞美的目光，一忽儿又好像在怀疑所做结论的正确性而眯缝起来的眼睛，有表情，还有手势。"

所谓身教，就是教师在教育活动过程中通过自己的仪表风度来感染、影响和教育学生，达到预期教育目标的教育方式。它包括衣着、发式、举止、姿态以及由此体现出来的风格态度等内容，通过感官传导进入学生的心灵，潜移默化地影响着他们的身心发展，在教育生活中起着"言传"所代替不了的重要作用。对此，马卡连柯做了深刻的论述，他说："你们自身的行为是在教育上具有决定意义的。不要以为只有你们和儿童说话的时候，或教育儿童、吩咐儿童的时候，才执行教育儿童的工作。你们生活的每一瞬间，都在教育儿童，甚至当你们在家庭里的时候，你们怎样穿衣，怎样跟别人谈话，怎样讨论其他的人，你们怎样表示欢欣和不快，怎样对待朋友和仇敌，怎样笑，怎样读报等，所有这些，对儿童都有很大意义。"所以，古今中外的人们都对教师的仪表风度提出了很高的道德要求。我国的教师就是要做到衣着打扮整洁干净，美观大方；行为举止礼貌文雅，稳重端庄；待人接物热情洋溢，和蔼可亲；教态自然典雅，从容潇洒；等等。

一、仪表堂正，衣着整洁朴实

仪表美是教师职业特点的必然要求，衣着打扮又是仪表美的主要组成部分。衣着整洁得体，这是对教师服饰的一种基本的规范要求。教师的衣着打扮，并不一定在于要有新奇漂亮、流行时髦的服装，也不一定在于本人必须有一副适宜装扮的漂亮身材；关键在于他的仪表打扮要适合他的身份，符合教师的职业规范下的仪表美的深层内涵。尽管适宜的身材、时髦的服饰对教师的形象美也起相当重要的作用，但这并不能代表仪表美的全部。只要他在教书育人的实践行动中，衣着整洁得体、落落大方，照样能够透露出一种朴实的美、整洁和谐的美、情趣高雅的美。当然，这并不是说教师的衣着应该是呆板单调、落伍沉闷的，而是说教师的仪表装扮要抓住美的真正内涵，抓住其基本的职业要求。美是各种各样的，美有多方面的多种体现。只要教师的学识渊博、兴趣高雅，即使是平凡的服饰，美也会从这平凡的装束中流露出来，使受教育者产生一种充实感、信任感与崇高感。如果一个教师弃其基本的育人宗旨于不顾，或衣冠不整、稀里糊涂，或一味追求时髦，缺乏其基本的职业涵养，不仅有损于教师的形象，不能很好地发挥教书育人的作用与效应，而且还会分散学生的注意力，甚至把学生导入歧途。

基于对教师职业的特殊性的认识，教师在衣着的具体选择上需要适当照顾到以下几方面内容：

（一）衣着选择要适合自己的身体条件

身体是衣着的支撑体，每个人的身体又具有每个人自己的自然条件特点。这就要求每个人在选择服饰时，需要在自己的审美观点、审美爱好下，适当考虑到自身的自然条件特点，根据自身的条件选择恰当的颜色款式、肥瘦长短，更好地体现自己的形体美与审美情趣，并弥补形体上的某些不足。

（二）衣着选择要适合自己的年龄特征

青年有青年的服饰，老年有老年的服装，教师的衣着选择要适合自己的年龄特点。青年教师朝气蓬勃、充满活力，服饰选择上宜以活泼明快为主，可以与流行色泽、款式适当地靠近一些，要避免老气横秋，也要避免给学生以沉闷感、压抑感。年长的教师德高望重、沉稳通达，衣着上亦以严肃端庄为主，但也不一定非要拘泥于一端，也可以根据情况适当选择一些既稳重大方、色泽款式又比较清新的服饰，既显得充满成熟的魅力，又显得焕发了青春的活力。

（三）衣着选择要适合环境特点

首先，一定的社会环境、一定的服饰流向，不可避免地要影响到教师。教师也需要不断地接受、选择美的服饰纳入时代的大潮，而不是一味地、古板地拘泥于自己的天地之中，与外界隔绝。其次，一定的学校环境也会对教师的衣着发生影响。学校的环境是整洁严肃、活泼向上的，教师的衣着在整洁得体的基本要求下，也要随着具体的环境变化而变化，如课堂教学时的衣着整齐与劳动、游乐时的简便、轻盈，不同授课时的衣着选择要适合一定的环境的特点。不论是社会环境，还是学校环境，教师的衣着必须把握住的一条原则，就是要以基本上符合自己的身份特点或职业特点为前提，适当考虑到教师为人师表的风范气质。

（四）衣着选择要适合教学对象

教师的衣着选择需要考虑到受教育者的年龄、性格、知识、能力等，不宜忽视这些因素。对于处在一定年龄段上的有一定知识与能力的大、中学生，教师的服装要朴素、整洁，这样有利于培养他们成熟的衣着行为，并同时受到思想情操方面的启迪；对于一些年幼的孩子，教师要根据他们天真烂漫、活泼好动的特点选择一些色泽鲜艳、明快的服饰，这样更容易受到学生的欢迎，从而给他们以美的启迪。

教师的职责是教书育人，教师的着装要与自己的职业相匹配。教师着装应遵循的原则是：庄重、大方、高雅、明快，变化层次不要太复杂，一般不要穿不对称的服装。男教师的服装要正规，如单排扣西装，选用线条纹或八字纹面料，配领带、马甲等，为了避免过于格式化，衣袋、纽扣可有些变化；女教师的服装可偏向时装，颜色和样式可稍花哨，可着套装，春夏可以素色衬衣配飘逸长裙。教师着装的颜色以中性色彩、冷色为主。如选用暖色则以中、冷色相衬托。教师服装的面料以混纺为好，显得质地好、挺拔、有光泽感。

总之，教师衣着整洁得体，仪表朴素大方，既能充分体现教师职业的特点和健康的审美情趣，又能反映教师热爱生活的精神风貌。教师着装对学生的心理、审美、行为有着较大的影响。所以，每一位教师都要按照教师职业的特点，注重个人衣着、仪容的修饰，给学生以美的熏陶和感染，使它有助于提高教育教学效果。

二、落落大方，举止稳重端庄

教师在职业劳动中，除了要具有美的衣着仪表外，还要有美的举止，做到待人接物稳重端庄、落落大方。具体地说，教师职业道德对教师的举止有以下要求：

（一）教师的举止要谦恭有礼，不能粗野蛮横

教师在教书育人和日常生活中都要注意自己的行为举止，做到谦虚礼貌、不卑不亢，不能粗野无礼、蛮横放任，这是教师道德对教师行为的要求。如果教师对待学生彬彬有礼、温文尔雅，可以使学生感到教师和蔼可亲、平易近人，就容易融洽师生关系，便于沟通；同时还能让学生从教师的礼貌行为中受到良好熏陶，有利于学生礼貌习惯的培养。相反，如果教师对待学生不讲文明礼貌、粗暴无礼、气势汹汹、恃强凌弱，不尊重学生，不仅会直接造成师生间的感情对立，还会使学生从教师粗野蛮横的举止中受到不良影响，从而养成坏的习惯。正如英国教育家洛克所说："做导师的人自己应当具有良好的教养，随人、随时、随地都有适当的举止与礼貌。导师自己如果任情任性，那么教训儿童克制感情便是白费力气的；自己如果行为邪恶，举止无礼，则儿童的行为邪恶，举止无礼，也就无法改正。"因此，教师要培养青少年学生良好的礼貌习惯，自己的行为举止一定要讲礼仪。

（二）教师的举止要端庄适度，反对轻浮放荡

教师是学生的教育者，自己的举止不仅要礼貌，而且要端庄、正派、适度、得体、优美，让自己的举止体现出良好的道德文化修养，让美德表现在外部行为上。教师在与学生交往中，要让学生体会到自己举止中具有丰富内涵的美。走路的姿势应步履稳健、抬头挺胸，表现出朝气蓬勃和成熟向上的精神，不要身体东倒西歪、步子拖沓、左顾右盼，显得无精打采；授课时的手势姿态，要举止适度、动作文雅，表现出文明的气度，不要拍黑板、擂讲台、捶胸顿足，显得缺乏修养；和学生交往谈笑，要热情而有分寸，亲切而讲究礼节，表现出庄重而随和的品质，不要不分男女老少地搂肩搭背、无聊嬉闹，显得粗俗难看；日常生活中要讲究卫生，遵守社会公德，不要乱抛纸屑、烟蒂、随地吐痰、践踏花草、把脚搁到桌凳上等。

一个教师只有举止适度、行为端庄，才有利于为学生树立良好的身教形象，给学生以良好的精神感染，最后受到学生的爱戴和欢迎。反之，如果一个教师行为轻狎不羁、松松散散，举止没有分寸，则有损于教师的形象；不仅会使学生憎恶，还会对学生的行为起坏的影响和诱导作用。所以，教师在教育工作中，一定要认真检点自己的一举一动，使自身的行为举止符合教师职业道德规范。

三、态度和蔼可亲、平易近人

教师的衣着仪表、举止行为往往反映着他们对社会、人生和教育事业的态度。培养和具有和蔼可亲、平易近人的态度，是教师职业道德的基本要求。它要求每位教师必须做到以下两方面：

（一）教师要有平易近人、积极进取的态度

教师是做育人工作的，也要面对面地通过言传身教去教育感

染学生。这就要求教师在教育过程中要注意自己的态度，明确以什么样的态度对待学生、社会和人生，学生也将以什么样的态度来看待教师、社会和人生。如果一个教师在待人接物时谦恭有礼、坦然自若，面对成功和荣誉不骄傲自大，面对失败和挫折不悲观气馁，始终保持积极进取的态度，就会去掉学生对教师的畏惧和对教师水平的怀疑之感，学生就会积极主动地接近教师、钦佩教师、学习教师。反之，如果教师态度恶劣、冷若冰霜、喜怒无常，经常给人高不可攀或拒人于千里之外的感觉，就会引起学生的猜测和不安，导致吸引不住学生甚至会失去学生。因此，教师千万不能把自己为人处世的态度看作自己的私事，随心所欲或无所忌惮，而应认识到这是关系到教育事业成败的公事，要始终保持平易近人、积极进取的良好态度。

（二）教师要有和蔼可亲、宽容豁达的态度

学生是来接受教育而不是来接受训斥的。教师在教育学生时，要表现出师长的爱抚和关切，目光要充满热情和希望，态度要诚恳，表情要温和，情绪要稳定，给学生产生一种和蔼可亲的感觉，从而让学生打心眼里喜欢教师，乐意接受教师的教化。如果教师不善于控制自己的情绪、端正自己的态度，对学生疾言厉色，忽而精神恍惚，忽而暴跳如雷，反复无常、捉摸不定，就会伤害学生的心灵，动摇学生对教师的崇敬与爱戴之情，有损教师在学生心目中的光辉形象。教师要不辜负学生对自己的信任和期望，要像珍惜自己的生命那样珍惜学生的求知欲和上进心。

教师一方面要严格要求自己，控制自己的思想行为；另一方面又要以宽广博大的胸怀对待学生，宽容他们的过失和不足。因为孩子们是基于自身的无知和对教师的信任才来到学校接受教育的，所以他们对教师的信任和崇敬甚至胜于对自己的父母。教师的训斥、讽刺、冷言冷语，即使是无意中的一点小指责，对他们来说都是最沉重、最残酷的打击，他们会因此感到自己是一个没有优点的毫无用处的人，对什么都失去信心，继而消沉悲观甚至以极端的态度来对待周围的人和事。所以，教师对待学生应关怀他而不拒绝他，帮助他而不冷落他，照顾他而不轻视他，鼓励他而不否定他。对于有问题的学生，则要因材施教，对症下药，若他的能力弱，则多加指导，给予锻炼机会；若他的品格不良，则找出其闪光点，帮其矫正；若他的成绩低下，则找准其原因，帮其提高。只有这样，学生才会在教师的关怀指导下，虚心克服自己的弱点和不足，满怀信心地努力前进。

四、教态自然、从容典雅

在教育过程特别是课堂教学中，教师为了准确无误地向学生表达自己的思想感情，传授知识文化，除了衣着仪表、行为举止、思想态度等方面外，必须注意自己的教态，做到自然、从容、优雅。只有这样，一个完美的教师形象才能矗立于学生面前，才能正确地发挥教师身教的作用，教育学生成长进步。这就要求教师的教态必须做到以下两方面：

（一）自然丰富的表情

注意根据教学内容的需要而适当变换眼神、手势、表情、声调、体态等，表明自己对真善美的褒扬，对假丑恶的贬斥，以此启迪学生、引导学生、感染学生，培养他们求真、向善、爱美的品德。在讲课时，面部表情要庄重而亲切，目光要温和而慈善，手势步态要稳健而有力，随时注意观察学生的反应，倾听学生的意见，及时与学生进行交流沟通。在进行提问时，可轻轻皱眉，以表示思索；当学生答非所问或答错时，缓缓摇头，以表示疑问；当学生回答令人满意时，点头赞同，表示鼓励；当学生不能回答，出现冷场时，则示意学生安静，认真听讲。不要唾沫横飞，自顾侃侃而谈；不要东张西望，给人产生魂不守舍的感觉；也不要呆若木鸡，一副无所事事的样子；更不能手舞足蹈，像个跳梁小丑似的。此外，教师还要努力改掉举止、姿态上的一些不良习惯乃至怪癖，如讲课时搔首抓耳，与学生相处时勾肩搭背，翻书时用手指放在口中蘸唾沫，站在讲台上不停地抠鼻子、玩粉笔等。因为这些"教态"会损害教师的形象，引起学生的嘲笑或者厌恶，削弱教师在学生心目中的威信，降低教育效果。

（二）从容典雅的形象

能够在教学活动中控制自己的情绪、约束自己的行为、树立良好的教师形象，使学生一眼就可以看出你是一个可以信赖、值得尊敬的师长，这就要求教师在教学过程中不管什么时候、面对什么情况，都要具备博大高深的知识涵养、沉着冷静的性格气质、成熟稳定的思想意志、进取自强的人生态度和勇谋兼备的才干本领。不能因为自己心境不佳、身体不好或个别学生偶尔"捣乱"、违反纪律，就发脾气、耍态度、拍桌子、砸东西；更不能把自己对一些人或事的不满情绪转嫁到学生头上，将学生视为发泄愤怒的"替罪羊"，对他们或破口大骂，或讽刺挖苦，或拳打脚踢。另外，当师生之间发生误会或学生对教师不够礼貌时，也应该表现出宽容和肚量，而不要疾言厉色、暴跳如雷。讲课时若学生思想开小差或不专心听讲时，可多用暗示法提醒学生注意，如边讲边在学生座位之间的过道上来回走动，轻轻地敲敲调皮学生的桌子，拍拍打瞌睡学生的肩膀，这既不打断正常的教学秩序，又照顾了那些不认真听讲学生的"面子"，使他们能及时调整状态而努力学习。

当然，教师的教态不是以上两方面所能概括得了的。它包含着无限丰富的内容，而且教师良好的教态不是硬装出来的，也不是轻而易举就可以得到的，而是教师个人内心世界、职业理想、知识素养、业务能力的自然流露。任何一位教师要想做到"教态万方"，除了教学时要严格要求自己外，平时更要不断提高自己的知识修养和审美素养，有意识地加强举止姿态上的自我训练。

第三节　课堂仪表

从某种意义上讲，个人仪表是教师身上的标签，学生据此可以推断老师是何种类型的人。特别是对于不太熟悉老师的学生来讲，更容易受此标签的影响。如果教师有一个较好的仪表，则容易获得学生的喜爱。相反，则容易使学生产生一种抵触心理，降低教学内容的可信度。

在学生对教师的了解认识过程中，"第一印象"起着重要的作用。特别是第一次上课时，教师的衣着打扮、表情神态都会给学生留下深刻的记忆，学生对教师的赞许或者是不满的议论，往往就是从这里开始的。

当教师走进教室还未开口时，他（她）的仪表已经成为全班学生的注视中心。有的教师不以为然，认为"衣着穿戴，各有所爱"，不必那么谨小慎微，于是穿着过分华丽甚至刺眼的奇装异服，举止轻率随便，一进教室就对学生形成了"新异刺激"，让学生把注意力都集中在教师奇特的衣着上。另外，有的教师邋里邋遢、不修边幅，衣服上有饭粒或是扣错了扣子，也会给学生懒散拖沓之感。这些都能引起学生交头接耳、评头品足、睥睨不屑，因而淡化和抑制了教学内容，影响了学生的学习情绪和教学效果。

一般地说，教师的衣着打扮一要整洁，二要大方，要符合自己的职业要求和年龄特点，要色调和谐、肥瘦合体、款式大方，给人以稳重端庄、温文尔雅的感觉，这样就可以把一个美好有益的形象和行为信号输送给学生，以便在他们的脑海里塑造出一个完美良好的教师形象。

一、课堂中教师的美

教师本来也是课堂结构形式的诸多因素中的一个重要因素，但是由于其构成的复杂性和相对的独立性以及特殊的审美价值，故在此进行阐述。

（一）形象美

教师的形象必须是美的，这是由它在整个课堂教学这个大系统中的特殊地位所决定的。教师不仅是创造主体，而且是创造对象，教师在创造课堂艺术品的同时也创造了自身。当我们说教师是创造主体的时候，那是指他的社会身份是课堂之外的身份。而当教师登上讲台开始授课的时候，他已经不具有社会身份而成为他自己所创造的艺术品中的主人公，成为整个课堂艺术的不可分割的一个重要组成部分了，我们在这里所要研究探讨的教师就是这种主人公意义的教师。

也许有人对这种划分不以为然，认为是故弄玄虚，但是必须承认课堂外的教师和课堂内的教师是有很大的区别的。出现在讲台上的课堂艺术作品中的主人公是一个有高尚的情操、渊博的知识、优美的风采的完美形象，是创作主体最高审美理想的反映。他作为课堂艺术美的核心，使整个课堂教学熠熠生辉。在讲台之外，这个教师也许有许许多多的美德，也许有丰富的知识，但是，他生活在社会中，各种意识形态必然会在他的思想上打下烙印，并在他的行动上反映出来。我们可以这样假设：一个教师被学生问得张口结舌、不知所云的时候，整个课堂的局面将是不堪设想的，于是课堂教学也就无美可言了。过去的关于教师的"双重人格说"，就很好地说明了教师在课堂教学中生活真实与艺术真实的关系，向走上讲台的教师提出了与讲台之外的不同要求，这是一个很值得重视的美学原则。虽然应该提倡教师做到课堂内外的统一，但这只能作为一种努力的目标，而永远不可能完全弥合，只能尽可能缩小两者的差距。

（二）庄严美

在此提出"庄严"这个新的美学范畴，是因为"崇高"和"优美"这两个美学范畴都无法对教师的美进行描述。"庄严"是介乎"崇高"和"优美"之间的，其基本美感特征是"敬畏"（与对"崇高"的"恐惧"区别开来）→"愉悦"。因而"庄严"既不如崇高"刚"，也不像优美"柔"。课堂教学的创造主体和欣赏主体之间有一种特殊关系——教与学的关系，欲使这种关系不至于被破坏，创造主体对欣赏主体就必须施行控制。一是消极控制，或者叫作行政控制，这是通过纪律、规章制度进行控制的方法；二是积极控制，或者叫作情感控制，这是通过老师的德行、学识风度和爱对学生的情感施加影响的方法。之所以把前者称为"消极控制"，是因为它首先是被动的，是在问题发生了和可能发生的前提下施行的。其次那是压服而不是心悦诚服，只控制了行动而没有控制心灵，这些都是"人类灵魂的工程师"所不足取的。之所以把后者称为"积极控制"，是因为它与前者恰恰相反，是与"人类灵魂的工程师"这一称号相称的控制方法。要实现这种控制，就必须让学生的头脑中产生对教师的偶像感和亲密感，形成亲和力的情感交流，否则，这种控制就是无法实现的。鉴于这些，就决定了教师的庄严的美感特征的必然性。

要具有庄严的美学特征，教师必须具有优良的品德，具有成为学生行为的楷模的风范。教师不要把有关个人利益的问题带进课堂，不要在学生的面前指责同事的低能、过失或者隐私，也不要在学生面前粉饰自己、吹牛撒谎。对待学生要谦和宽容，切忌为了个人恩怨报复打击学生，严厉要适可而止，不要过分苛求；对待学生要平等公正，不要偏爱成绩好的学生或者放弃成绩差的学生，特别不要对后者流露出讨厌的情绪。如果和学生发生冲突，要沉着冷静，切忌冲动，不要大声吼叫，更不要动手动脚、争一时之长。任何一种过火行为都是缺乏修养的表现，是有损教师形象的。教学中要有认真负责的精神，不能在课堂上敷衍塞责、草草了事。

教师的主要任务是向学生传授知识，教师是打开学生智慧之门的导师，因此教师在课堂上塑造自己具有渊博知识的形象是非常重要的，对于提高学生学习的积极性，鼓舞学生对前途对未来充满信心都有不可忽视的作用。长期做教师的人都有这样的经验：一个在某一方面才能特别突出的教师，他的学生也往往在那个方面兴趣最高，取得的成绩也最大。这一方面是得之于教师的有效的传授，另一方面也是因为学生的信赖与崇拜。如果由此推理下去，一个全知全能的教师形象会怎样地激发学生心灵，产生什么样的美感效应，那将是无法想象的。尽管一个教师不可能全知全能，但是在他的教学和审美主体所能够涉及的有限的知识圈里面必须做到全知全能。一个教师在学生面前不能传授错误的知识，否则作为课堂艺术的美学价值就没有了。

（三）风度美

这虽然在课堂艺术中是占次要地位的，却是它不可分割的一个组成部分，就像演员演戏剧或电影一样，往往会起到意想不到的作用。教师的风度包括服饰和言谈举止。服饰必须庄重大方；

言谈举止必须优美自然，严谨而不局促，洒脱而不失度。就举止而言，动作要刚柔相济、快慢相宜、开合适度，切忌张皇失措、夸张和敷衍，要处理好动与静的比例关系，不要老站在讲台中央僵直不动，但也不要走来走去或手舞足蹈。就语言来讲，要清晰流畅、抑扬顿挫，不能干涩平淡。

（四）对学生的爱

上述三个方面，可以使教师获得较高的审美价值，但是一个教师如果缺乏对学生的爱，那么他的审美价值就是不完全的。教师作为活生生的生命的艺术品，并不仅仅是作为精神的实体和学生进行交流，而是要直接进入学生的现实生活，和他们保持着一定的生活关系，因此学生对教师的审美活动也必须受这种生活关系的制约，即人与人的关系的制约，从而在纯粹的艺术审美活动之上更添一种复杂性。

生活中人与人之间的关系的美感，形成于二者之间的亲近以及在此基础上的相知。这种亲近和相知的现实表现就是信任、关心、支持，形成一种充满友爱的和谐气氛。因此教师还必须关心学生、爱护学生，信任、支持他们，成为他们的父辈、兄长和朋友。否则，如果学生对教师敬而远之甚至有惧怕之心，这种隔膜一定会削弱他对教师的美感。

二、教师树立威信的几种错误做法

重视自己在学生中的威信，可以说是教师普遍具有的职业心理。可是，在现实生活当中，有些教师为了树立自己的威信，常常采取一些错误的做法。其主要表现是：

（一）讨好学生

有些教师对学生提出的要求不考虑是否合理，总是"是、是、是""好、好、好"，一味地顺从迁就。他们以为这样可以赢得学生的好感，从而在学生中树立自己的威信。这种以无原则的迁就来讨好学生的做法，在某种意义上可以说是无能的表现，只能给工作带来不利的影响，而与威信无缘。

（二）滥用职权

有些教师为了树立自己的威信，滥用职权，轻率地采取奖励或惩罚措施。为了一点小事，动辄发脾气、呵斥、处罚学生，甚至使用威胁的手段恐吓学生、打骂学生。这种方法只能使学生对教师表面服从，并不是从内心深处尊敬和信任，因而靠这种做法不可能收获威信。

（三）贬人抬己

个别教师过分强调自己所教学科的重要性，有意贬低其他教师教的学科。还有的教师拿自己教学上的优点与别人的缺点相比，从而贬低别人的教学；若自己教学中存在缺点，则说别人教学上也有问题。如此做法常带给学生无所适从的感受，从而使他们对老师存有戒备心理。

（四）保持距离

有的教师错误地认为"近则庸，疏则威"。因此，人为地与学生保持一定的距离，企图造成一种神秘感，以疏树威。这种做法会使学生失去了解教师的机会，学生很难建立起对教师的信赖感，当然也就谈不上树立威信。

（五）搞形式主义

有些教师好做表面文章，好搞形式主义，不注重教育的实际效果，好大喜功。这种做法即使一时获得了好名声，也只是虚名，和威信根本不能相提并论。

第四节　精神面貌

大约在 20 世纪 60 年代，国外就有一些科学家探讨过什么样的教师为学生所认可。瑞安斯在一项大规模的研究中发现，具有下列个性品质的教师能有效地促进学生的学习行为：

第一，关心人，体贴人，理解人，友好和蔼；

第二，有事业心和责任感，喜欢和热爱自己的工作；

第三，在教学中具有激情和丰富的想象力。

林赛对教师的个性品质进行了综合研究，认为一个教学成功的教师应具备如下品质：自尊自信，能够理解人；有同情心，对于他人的一些行为和思想能够给予尊重、信任、支持以及帮助。这样的教师还有独特的教学、组织与创新的风格，他的思想活跃，不拘泥于现成的事物，决不墨守成规；求知欲强，对生活充满热情，对自己的工作有较强的责任感。我国也有教育工作者曾以"学生喜欢怎样的教师"为题，向 4415 名中学生做过书面调查，研究结果如下表所示：

我国中学生喜欢的教师品质（人次 %）

次序	教师品质	初一初二	初三	高一
		2026 人	612 人	1777 人
1	教学方法好	78.0	86.0	85.0
2	知识广博，肯教人	71.9	90.8	88.1
3	耐心温和，容易接近	75.6	78.5	77.0
4	实事求是，严格要求	57.5	62.2	61.1
5	热爱学生，尊重学生	59.9	58.6	53.7
6	对人对事公平合理	52.4	42.6	44.4

7	负责任，守信用	33.8	32.8	36.4
8	说到做到	36.0	24.0	24.4
9	有政治头脑，关心国家大事	18.2	13.4	16.2
10	讲文明，守纪律	14.4	8.1	10.6

从以上表格中可以看出，中学生最喜欢的教师的六点品质有些是属于教师的认知能力方面，有的则属于教师的人格特征。这表明能被学生喜欢的教师，应具备以下几个方面的特点：

第一，热情和蔼，具有同情心和助人为乐的精神；

第二，自尊、自爱、自信、自强；

第三，耐心细致，不急不躁，果敢坚忍；

第四，公正无私，作风民主，一视同仁；

第五，热爱教育事业，脚踏实地，虚心好学。

由此，我们认为，教师精神面貌管理应包括以下几个方面的内容：

一、仪态端庄，稳重大方

这是教师精神面貌管理的最基本内容。所谓仪态是指一个人的仪容和姿态。仪态端庄、稳重大方是指教师的仪容和姿态端正、庄重、自然而不失分寸。早在两千多年前，荀子就曾把教师与苍天、大地、君王、父母相提并论。教师的任务是"传道、授业、解惑"，他应该有一种踏踏实实、不急不躁的精神。同时，教师又是课堂上权威的主要体现者，因此更需要教师有安详庄严的外表、笃实开阔的心胸。

仪态端庄、稳重大方，可以使学生对教师产生信赖感，有利于教师威信的形成。端庄的仪容、稳重而大方的姿态既是社会和谐、进步、文明的标志，也是个人有修养的标志。

在号称"礼仪之邦"的我国，历来讲究"站有站相，坐有坐相"。

教师作为知识和智慧的象征，作为人类文明的使者，应该首先做到仪态端庄、稳重大方。符合这一规定要求的教师传授知识、启迪智慧，学生自然会对教师产生信赖感。反之，如果一个教师不注意自己的仪态，即使服饰再美，也会黯然失色。因为暗淡的目光、憔悴的面容等容易使学生感到教师的怯懦和畏缩，导致没有什么威信可言。

教师端庄而稳重的仪态，是学生效仿的榜样。身教重于言教，稳重端庄的仪态不仅可以给学生好的影响，还有助于学生克服自己仪容不整、姿态随便等习惯。有的学生自制力差，学习一种好的习惯固然不容易，改变一种不好的习惯则更困难。这不仅需要教师一再强调、号召，更需要教师身体力行，做出示范。

教师站在讲台上，面对几十双纯洁好奇的眼睛，就是要通过自己的讲授，使这几十双眼睛逐渐闪现出明白的目光来。教师的形象一向被人们认为是端庄稳重的，这里涉及一个"角色"的概念。角色就是个体在特定的社会关系中的身份以及由此而规定的行为规范和行为模式的总和。

（一）教师的角色

1．教师是知识的化身

教师具有的知识应比教给学生的知识更加深入、更加广博，这样才能教好学生、教会学生。有人曾说："要给学生一杯水，教师先要有一桶水。"这句话十分有道理。教师不仅要把知识系统、清晰地传授给学生，更重要的是他还要回答学生提出的各种各样的问题，这时教师必须体现出他是一个知识宝库或一部活的教科书。

教师在课堂上回答学生提出的问题时，应该严肃认真。对于一些爱钻牛角尖的学生，要心平气和、耐心讲解，不失教师端庄的外表，决不能受学生情绪的感染而忘记了自己是教师，和学生在课堂上争个"脸红脖子粗"。

2．教师是集体的领导者

教师是班级的一家之主，不管他与学生的关系如何，也不管这个班集体的学生如何放纵自由，教师毕竟是这个班有权威的领导者，决不能把自己完全与学生等同起来。尽管每个班里都有班长，都有一些班委会的干部，但是教师必须承担领导这个班集体的重任。

教师要组织班干部开会，商议班里的活动；要结合课堂教学和学生的思想情况，开设一些有益的活动来加强学生课外的学习，丰富学生的课余生活，正确引导学生的思想。教师的责任容不得教师漫不经心、拖泥带水。

有的年轻教师总以为自己和学生交了朋友，学生就会对他言听计从，从此便好开展工作了。实际上却不一定。教师和学生一起进行体育活动、一起吃饭、一起上自习，这样做是无可厚非的。可是如果教师心目中认为自己和学生没有什么两样，甚至不重视组织教学，对学生听之任之，就会严重影响教学效果。

（二）教师如何做到仪态端庄，稳重大方

1．仪态美

这里主要谈谈教师的发型。

发型与脸型的关系是很密切的。左右横宽的脸型，适合高耸式的发型，使两侧头发收拢并盖住耳前的一部分面颊，这样可以削减脸的横向宽度。

长形脸可留出齐眉的刘海，以便使脸显短，此外两侧头发应稍显蓬松。这种脸型不宜在头顶束发，因为高耸式的发型会将脸拉得更长。方形脸应使头发呈斜垂下，以遮盖前额两边的棱角，对于这种脸型的女教师来说，还可以将头发盖住耳朵，自然垂下，发尖稍可向上弯曲，这样可以遮掩脸下部的棱角。

"瓜子脸"的脸型，头发应尽量"上紧下松"，脸上部的头发要紧束，不要蓬松，耳朵以下的头发应疏散展开；另外，前额部位的头发最好呈斜线垂向一边，可以减弱前额的宽度。"鸭蛋"脸型，在发式的选择上可以自由一些。

再有还应注意发型与脸型的侧面效果。对于鼻梁高而后脑隆起的女士，最好不要在后脑梳出发髻，因为这样会使头部拉长，应当留披肩长发或是梳一些下垂的发辫比较好。如果留短发，一定要将后脑的头发削薄一些。相反，对于鼻梁低而后脑平直的女士，披肩长发就不合适了，梳发髻效果较好。前额突出的人，应削减前额的头发，以缓和前额的隆起感。前额后收的人，应将刘海留得厚一些。

另外发式的选择也要看身材。个子高的教师，不要把头发梳得太高，女士不要梳过高的发髻，而应当使头发自然下垂。个子矮的教师可以把头发梳高一些，以弥补身高的不足。

下面谈谈眼睛。

眼睛是最能流露情感的器官，教师的目光应该明亮有神，充满挚爱和期待，而不应该暗淡失色，也不应该含有厌恶和敌意。学生往往非常重视来自教师的目光反馈，教师的目光不仅可以显示出自己个性的某些方面，而且可以把自己对学生的态度、感情传递给他们，学生可以从中体会到温暖、鼓舞或领略到冷漠厌恶。

2．形体美

教师应当具备健美的体形、健壮的体魄。

作为男教师，他的形体主要看全身各部位的比例是否匀称、协调、和谐，整个身体以及主要肌肉群是否具有曲线。一般来说，男子的身材比女子高大，其肩膀宽而厚，上肢结实有力，髋部较窄，下肢较长，体现出男子特有的粗犷而棱角分明。男性的骨盆窄于肩宽，呈倒三角形的体形，这也是男子形体美的一个特点。对于男性美而言，男子上、下肢的肌肉发达程度要求匀称和谐，这样才能保持形体健壮而又体态优美。

女教师肩窄髋宽，皮下脂肪丰富，整个躯体的曲线柔和圆润，似水一般流畅，这就形成了女子躯干细腻而富有曲线变化的体态美。女子的脖颈纤细，前胸突出富有弹性，再加上腰肢较细，臀部也较丰满，这样从上到下显示出多处曲线，给人以苗条和温柔娴静的感觉。

作为教师应当主动进行体育锻炼，使自己拥有健美的体形，还可以参加一些健美运动班，坚持定期训练。这样，一方面有利于身体健康，以便更好地工作；另一方面也有利于身体的各个部位趋于匀称、和谐，增加身体的美感。

3．姿态美

有的专家认为，站丁字步最适合教师，以两腿不靠在一起为宜。为了使静止的姿态优美、舒适，两条腿前后交叉的距离不应超过一只脚板的长度，否则，就会显得没精神、不灵活。

两脚错开后，不能把人体的重量平均放在两只脚上。无论多么短暂的时刻，都要把主要重量平均放在一只脚上，用另一只脚保持身体的平衡，防止左右摇摆。承重的那条腿要保持直立，除非在特殊需要倾斜的姿态时例外，这样会给人以稳重又自然的美感。教师在讲台上不可能也不应该在一个地方一直站着，可以来回走动，但这也要与站姿相结合，走动太频繁会影响教学的效果。教师要配合讲课的内容增加一些手势，需要注意的是，手势的动作不宜过大，不要像舞台上演戏一样。同时，注意不要做作，要手势清楚、自然大方、意义明确、点到为止。

我国自古就很重视人的姿态美，所谓"站如松，坐如钟，行如风，卧如弓"，就是古人对姿态美的要求。现在人们一般较注意追求自己形体的美，却忽视了姿态、动作的美。其实与形体美相比，人的各种姿态、动作美更重要。端庄、稳重、大方的姿态，敏捷准确的动作，不仅本身就是一种美，而且可以弥补形体上的某些缺陷，也有助于身体健康。

怎样才能使自己的姿态端庄、稳重、大方呢？

（1）站

站立的基本姿势是挺胸、收腹、梗颈，身体的重心线穿过脊柱，落在两腿中间。从侧面看，重心线应落在盆骨正中。两臂自然下垂，形成一种优美挺拔的形态。做到这点，人体固有的曲线美也就表现出来了。教师的外在仪表跟他的讲课姿态是分不开的。俗话说："站有站相，坐有坐相。"教师在讲课时要保持仪态端庄、稳重大方，就要有一个正确的站立姿势。

（2）坐

优美的坐姿与站立一样，要保持挺胸收腹。不正确的坐姿不但给人以举止粗鲁、不文雅的印象，也容易造成腰肌劳损和脊柱后弯。正确的坐姿应当注意：

第一，入座要注意轻、缓、紧。"轻"指落座时的声音要轻；"缓"指入座时动作要柔和，不要忽地坐下或腾地站起；"紧"指入座时腰部、腿部的肌肉要紧张，髋臀部肌肉应收紧。

第二，坐时要上体正直舒展，两肩放松，保持平衡，身体前倾不宜超过25°。坐在椅子上，身体重心要落在臀部。

（3）行

走路时，除要像站立时那样"挺胸、收腹、梗颈"外，还要注意端庄有力。迈步时，脚尖要向正前方，脚跟先着地，脚掌紧随落地，两脚后跟几乎在一条直线上。两腿交替前移时，弯曲程度不要太大，步伐稳健均匀。两腿距离约为 1~1.5 个脚的长度。前摆腿落在前要伸直，后腿迈步前后韧带要全部拉长。身体重心要落在前脚掌上，重心偏后容易引起肌肉不必要的紧张，使肢体僵直、感到疲劳；步子走快了又容易震动大脑，有损大脑的健康。双目要平视，头要正。低头走路显得不精神，而且根据颈姿态反射的原理，还会导致含胸驼背，从而丧失美感。当然，过度抬头也是不好的。两臂摆动要与两脚同步，两臂放松，自然摆动。前臂摆至约35°时，自然展肘，后摆臂摆至与身体成15°为宜。两手不要插在口袋里走路，那样必然耸肩缩脖，两肩左摇右晃，显得轻浮飘荡，很不美观。

总之，仪态端庄、稳重大方，是教师精神面貌管理中应注意的最基本内容。引导教师做到这一点，有助于帮助教师创造一个良好的知识传递的主观环境。

二、谈吐文雅，富有情趣

我国古代的《礼记·仪礼》中曾指出："言语之美，穆穆皇皇。"这说明我国古代就提倡说话要尊重对方，谈吐要文雅，态度要和气，这是处理一般人际关系的要求。对于教师来说，更要注意语言美。语言是教师用以教育学生不可缺少的工具，而如何使用这个工具直接关系到教育的效果。文雅而富有情趣的谈吐不仅能取得学生的信任和尊敬，增强教师的教育影响力，而且有利于净化学生的心灵。很难设想一个在粗俗、骄横的语言环境中学习的学生，会养成文雅、谦恭的谈吐习惯和文明礼貌的风度。

风趣幽默而富有感情的谈吐，还能调节环境气氛，缩短师生间的距离；一本正经的言语固然可以使教师显得庄重，但这种严肃有余、活泼不足的气氛往往会使学生产生一种压抑感，增大师生间的距离；而文雅风趣的谈吐会"以声传情，以音动心"，给学生一种亲切感。出现尴尬的局面时，教师风趣幽默的谈吐往往可以迅速缓解紧张气氛，沟通师生的心理，缩短师生之间的距离。

那么教师怎样才能做到谈吐文雅、富有情趣呢？

（一）使用文明礼貌语言

礼貌是指说话要尊重对方的人格，使用美好的语言来协调人与人之间的关系。当学生犯了错误时，教师也要注意使用礼貌语言，即使经教育学生还不听，也要注意语言的礼貌性，可以说："请你冷静地回去想一想，想通了再来。"教师学会使用礼貌的语言，这对于协调师生关系、提高教育效果都有很大好处。

礼貌语言的核心内容在于尊重对方。一个爱学生、尊重学生的教师，遇事自然会进入学生的"角色"，多从学生的角度去考虑问题，时刻想到学生也是一个人，他们还在成长中、还不成熟，这样的教师谈吐自然会文明而不粗俗。如果教师不尊重学生的人格，说出来的话过于尖刻，就容易损伤学生的自尊心，引起学生的反感，进而产生对立情绪。比如，一位教师敲着桌子大声训斥学生："你知道当你损坏公物的时候，是在'冒坏水'吗？"批评学生不该损坏公物是对的，但教师用了"冒坏水"这样尖酸刻薄的语言，学生能心服吗？

使用文明礼貌语言就是要坚决摒弃一切挖苦学生的刻薄语言，挖苦性的、不文明的语言不仅会污染学生的思想品德，还会伤害学生的心灵。

文明的谈吐，还常常需要教师把话讲得委婉一些，也就是说，有时有些话不便直说但又要把某个意思表示出来，这时便可以换一种说法，既不妨碍语意，又不致遭人反感或显得不得体。

（二）突出语言纯洁性

谈吐要求纯洁性就是要剔除谈吐中那些不规范的语句，以及没有必要使用的外来语，保持健康的文义和文风。文雅的谈吐固然要注意词语修饰，但在选择词句时要以自然为好，用词不当反而会有损教师形象。

讲求语言的纯洁性，首先，要改掉不健康的口头禅。有的教师有一种不好的习惯，他们常常在谈话中插入一些毫无意义的口头禅，此起彼伏、接连不断，使学生感到厌烦。其次，不使用"切口"。切口又称之为"黑话"，是社会黑暗面的一种反映。有些人由于受社会不正之风的影响，有时喜欢讲些切口，什么"有数啦""通通路子啦"，等等。如果教师对此不以为然，也跟着讲几句，这样不仅令人感到粗俗，还会给学生造成一种错觉，似乎它们已成了大白话，甚至还会被当作一种时髦，争相学说。

再次，不给学生起绰号。师生关系是一种活泼而又严肃的关系，不管绰号属褒义还是贬义，起绰号总是一件不严肃的事，这既是对学生人格的不尊重，也降低了教师自己应有的尊严。同时，还会使师生关系流于庸俗，降低教育的严肃性和影响力。教师给学生起绰号，也会导致学生给教师起绰号，这无疑又会损害教师的形象和威信。所以，教师应成为正确使用祖国语言、捍卫祖国语言纯洁性的模范。

（三）强调语言科学性

它要求教师的语言要准确、精练、系统，具有逻辑性，发音要准，语调要准，用词要恰到好处，准确无误地表达思想与教学内容。教师讲课时要注意教材的内在联系，注意整体与部分的关系，一环扣一环，有层次、有条理，论证详细严密，材料观点统一，结论准确无误。这是教师谈话文雅、富有情趣的最基本的要求，如果教师做不到这一点，那么文雅与情趣也就无从谈起了。

（四）注意语言规范性

规范指的是用普通话教学，普通话就是指以北京语音为标准音、以北方话为基础方言、以典范的现代白话文著作为语法规范的现代标准汉语。文明指的是教师的语言要文明礼貌，符合社会的道德文明标准。

（五）做到语言通俗性

"俗"有两种，一种是"通俗"，一种是"庸俗"。俗话说"话需通俗方传远"。为什么人们总爱引用一些"俗话"？就是因为它不仅带有很强的哲理，而且通俗易懂。不要认为教师的语言文雅就是满口"之乎者也"，这就理解错了。教师的语言首先要确保学生听得懂，进而让学生感到文雅。通俗化并不等于"白、浅、土"，不是不让教师使用华丽的辞藻，而是要合理、适当地使用这些词汇。

（六）讲究语言艺术性

艺术性相对于前面几点是一个提高与飞跃的过程，就像在咖啡中加入咖啡伴侣，咖啡会变得香浓可口一样。语言、谈话富于情趣，也体现在说话的艺术性上。

如何使教师的语言具有艺术性？

俗话说"人配衣服马配鞍"。人要打扮才能漂亮，语言要修辞才能精彩。语言经过润饰之后，学生不仅爱听而且容易理解和接受，这岂不两全其美！因此，修辞是教师语言的一个重要技巧。比如修辞中的比喻，这是教师最常用的方法。它能把抽象的东西变得具体而形象，使深奥的知识变得通俗易懂。

很多讲话一经运用比喻便立刻增辉，使得教师的语言变得妙趣横生、幽默风趣。例如这样的话："没有非凡的精力便不可能成为天才。既没有精力也没有工作能力的天才，不过是一个透明的肥皂泡，或者是一张空头支票而已。"把幻想中的天才比喻为"肥皂泡"和"空头支票"，既非常深刻地说明了这种天才的虚幻性，又使语言活泼俏皮，平添了不少妙趣，比起从头道来、具体论述，效果要好得多。使用比喻有一个基本原则，就是比喻的事物和被比喻的事物，即本体和喻体必须是可比的，有比喻的条件的。比喻虽然需要丰富的联系和想象，但是如果不具备可比的条件，即没有适当的"恰似点"，比喻就会是盲目的。

除了比喻，教师语言中还可以利用修辞中的其他技巧，比如引证。所谓引证，就是在说话时引用别人的观点、语句等来证明或强化自己的意思，使所讲的内容更加清楚、明白、正确。在平常说话、教师讲课时，如果准确、恰当地引用一些名人的言论或普通流行的观点、传说以及典故、格言、谚语、成语等，会使所讲的内容更加清楚明白、多姿多彩、令人信服。

第三章

教师的心理素质

第一节　心理原则与心理品质

教师是学校班级工作的领导者和组织管理者，通过教师对全体学生进行一系列全面、深入、细致和具体的教育，使每个学生在德智体美劳诸方面都得到发展。为全面实现此目标，教师除政治素质、思想品德素质和业务素质外，还必须具备良好的心理素质。

一、心理原则

（一）心理投入

所谓心理投入，就是在参与各项集体活动中使集体中的每个成员都一心倾注在活动中并能获得心理投入的体验，而产生一种认同的心理现象。这种心理现象是对共同利益、共同目标的认同及组织成员间的相互理解和情感上的交融。

教师工作就是要使全班学生的心都投入到班集体中来，在共同利益、奋斗目标以及和谐的同学关系及师生情感融洽的基础上，把全班学生的心都吸引在班集体里，使他们产生愉快的情绪体验，乐意为共同目标团结奋斗。为实现这一原则，就要求教师在向学生提出任何一项要求和开展各种活动时，一定要从教育目标出发，深入细致地考虑到大多数学生的接受能力和需要水平，又要具体耐心地做好少数学生的思想疏导工作，促使他们对教育要求和活动内容有兴趣而产生需要。这样就会使绝大多数，甚至全部学生都投入到教育活动中来，使之产生良好的教育效果。

（二）心理相容

所谓心理相容是指在集体成员之间能互相悦纳和融洽的心理交往状态。

学生的心理状态和行为表现千姿百态，有品德优秀和品德不良的，有学习优良和学习落后的，有遵守纪律和违反纪律的，有听话容易教育和不听话难以教育的，有积极的个性倾向和消极的个性倾向，等等。无论是什么状态的学生，在教师心理的天平上都应是平等的，即能悦纳各种情况不同的学生在班里平等存在，决不能厚此薄彼、有亲有疏，而应一视同仁。只有这样才能使全班学生在自己原有的基础上不断进步和提高，特别是对有明显缺点和成绩落后的学生，这样才能让他们抬起头来走路，去争取进步。一句话，教师不仅要自己这样做，而且要教育全体学生从心理上接纳各种类型的集体成员，给他们以同样的尊重和爱。这尊重和爱是教育的基础，没有这种爱就没有教育。

（三）心理互补

心理互补是指人与人之间相互尊重、相互支持、取长补短的心理状态。

教师是学生的长者，社会经验多、文化知识水平高，但也不能认为教师什么都比学生强，特别是处于当今信息时代，学生会从多种渠道获得知识经验。所以，教师不应使班里的一切都按自己的意志去行动，使全班学生处于被动状态，这样不易搞好班级工作。正确的做法是，在师生之间坚持心理互补的原则。首先，教师要有正确的"学生观"，把学生真正看成班级的主体，尊重学生诉求。班级工作要充分发扬民主，要多听班干部的意见，多听全体学生的意见，从学生那里吸取有价值的意见和建议，这样在班级工作中师生会形成相互尊重、相互支持、相互取长补短的心理气氛，从而使班级工作搞得更好。

（四）心理互换

心理互换是指人与人之间交换心理位置，设身处地为别人着想的意思。

　　教师的责任在于根据教育方针、培养目标和社会需要，经常向学生提出这样或那样的要求，开展各种教育活动。但是，教育要求的提出、教育活动的开展，从内容到方法一定要考虑学生可接受的程度。这就要求教师从教育者的位置上走下来，设身处地站到学生的位置上去考虑问题，这样，提出的教育内容和方法才有针对性，符合青少年特点，使之少年化，而不是"成人化""老一套"。特别是教师在批评教育学习落后或品德后进的学生时更要重视心理互换的原则，不能仅从"好心"出发，只有严格的批评和指责，而不设身处地为这些学生着想，这样容易拉大师生间的心理距离，形成情绪对立，这是教育的失败。教师应更多地站到学习落后或品德后进学生的位置上寻找问题发生的原因，寻求解决问题的办法，或同这些学生一起查原因、想办法。这样师生的心理距离就接近了，不但容易找到问题的症结，而且在情感上与学生更亲近了，更容易了解和理解学生的内心世界，找到解决问题的妥当办法和途径，其教育效果会更理想。

　　（五）心理交往

　　心理交往是指人们通过语言和非语言交换意见、交流思想和表达情感的过程。

　　教师时刻都在和学生交往，这种交往的性质、方向和水平直接影响到班集体的形成和发展。教师和学生的交往，首先要坚持"从学生中来，到学生中去"的原则。班里的工作在形成决定前和形成决定的过程中应听取学生的意见，就是在执行决定的过程中或在完成一项教育活动后，也同样应多听取学生的意见，使学生处于主人翁的地位。教师在交往时要面向全体学生，对优秀生通过交往鼓励他们用更高的标准严格要求自己，继续进步；对中等生通过交往既肯定成绩，也指出不足，鼓励他们向先进学习，努力赶上先进；对后进生通过交往鼓励他们树立自信心、振作精神、取得进步。对于后进生，教师要更多进行一些帮助性的交往，使他们从教师身上获得进步的力量。

（六）心理平衡

心理平衡是指人与人关系的和谐及情感的融洽状态。

教师要注意和班干部、优秀生、中间生和后进生保持心理平衡，失去哪方面的心理平衡，班里工作都将受到不良影响，或难以开展。如果教师同班干部失去心理平衡，班里的工作就有可能都要由教师亲自去做，班干部则可能处于被动或观望状态；如果同后进生失去心理平衡，就有可能形成师生间的情绪对立，发生冲突，这时候的教育效果会受到很大的影响，从而事倍功半。

教师同各类学生保持心理平衡的基本要素是相互尊重、信任和关怀，特别是教师要公正地对待每个学生，尤其是要公正、平等地对待有这样或那样不足的学生。

二、心理品质

教师的心理品质主要包括：丰富的情感、较强的教育和管理能力、坚强的意志、广泛的兴趣。

（一）丰富的情感

教师的情感，在这里主要指的是热爱学生。爱学生是对教师的最基本的要求，也是做好班级工作的最基本的前提条件。教师爱护和关心每个学生，对他们寄予希望时，学生就愿意接近教师，乐于接受他的教育，并能自觉地将教育要求内化为自己的需要，也为满足需要去努力。这样，学生个人进步较快，同时班集体容易形成良好的班风，班里工作也比较好开展。相反，如果教师不爱学生，对学生不寄予什么希望，学生就不愿接近教师，也不乐于接受他的教育，很难将教师的教育要求内化为自己的需要。这时的教育实效就会降低，班集体不容易形成良好的班风，学生个人的进步也会受到影响。所以捷尔任斯基指出："谁不爱孩子，谁就无法教育他。"

1．教师爱学生有以下特点

（1）爱的目标性

教师爱学生不限于个人间的师生情感，而是出于事业的要求，出于教师这个高尚职业的要求，目标是使自己的学生按照社会的需要在德智体美劳诸方面都得到全面发展。

（2）爱的全体性

教师要将自己的爱倾注给班里的每个学生，对生理正常的学生要爱，对生理上有缺陷的学生也要爱；不仅要爱品学兼优的学生，还要爱品学皆差的学生。

（3）爱的全面性

教师的爱表现在关心学生的各个方面，不但要关心学生的学习成绩和品德行为，还要关心学生的思想动态和生活情况；不但要关心学生在校内的学习与生活，还要关心他们在社会上和家庭中的表现状况。

（4）爱的自觉性

教师爱学生是教师职业的特点，这个特点就是育人，塑造具有崇高理想和道德品质并且具有丰富的文化科学知识的新一代。为了实现这一目标，教师在工作顺利、心情愉悦时要爱学生，在工作不顺利、受挫失败时同样要爱学生。爱学生不能因自己情绪的好坏而转移，也不能以学生表现的优劣而转移。

（5）爱的恒常性

教师对学生的爱要持之以恒，贯穿在整个班级教育过程中，贯穿于教师工作的始终，不能半途而废，或热一阵、冷一阵，反复无常。

2．教师热爱学生的途径和方法

（1）深入了解学生

作为教师，深入了解每个学生是爱生的前提条件，要了解每个学生的生理和心理特点、优点和缺点、思想品质与个性特点，特别是要善于发现后进生的闪光点加以引导。

陈老师新接的班级中，有一名学生小王是有过两次留级史的"差生"，老师们对他印象很不好。陈老师不认识小王，决定去家访。他轻轻地叩开小王家的门，里面没有回音，门是虚掩的，他推开门朝里一看，惊呆了：一个光着膀子、背脊流汗的小伙子正蹲在地上，他面前的一台录音机被拆得七零八落，电器零件和工具铺了一地，他正在专心致志地焊线头。这就是小王。当陈老师说明身份和来意时，他笑了。

"你会修理录音机？"陈老师问。

"学学就会，并不难。"他腼腆地回答。

"没想到你有这方面的本事。可是有了特长，还需要掌握一定的科学文化知识，不然你的特长就很难进一步发展。我完全支持你的兴趣爱好，只要你好好学习，以后如果有深造的机会，我一定推荐你。"

小王高兴地向陈老师点点头。

在以后的日子里，由于陈老师的引导，小王的学习有了进步，还经常为学校的老师修电脑，受到了老师们的赞扬。后来，他被推荐到区科技站参加课外电子技术培训班学习。当小王拿到通知书时，激动地对陈老师说："陈老师，我做梦也没想到，学校会让我去学习。我一定好好学习，不辜负老师的期望。"

如果陈老师没有深入了解，没有发现小王动手能力强的特点，小王可能继续是后进生。所以，没有对学生的深入了解，教师的爱就是一句空话。

（2）严格要求学生

严格要求学生是教师爱学生的尺度和表现。爱学生不是迁就、护短，更不是放纵，而是要严爱结合，严中有爱、爱中有严。如果只爱不严，那是放纵学生，不是爱而是害；如果严而不爱，这种严只会被学生当作"耳旁风"，结果爱和严都会落空。

张莹品学兼优，曾连续两年被评为市级"三好学生"，今年因200米赛跑不及格，体育不达标，达不到参评条件。学校让张莹继续参评市级"三好学生"，并建议改动200米成绩，但李老师坚决反对，认为这是弄虚作假，是在害学生，而不是爱学生。李老师决定每天亲自带张莹练习。经过一个多月的锻炼，张莹终于跑及格了，最后顺利被评上了市级"三好学生"。

这就是对学生的严格要求，也是对学生真正的爱。教师的严格要求不是无限的，要注意以下几点：

严要合理。严不是吹毛求疵、拘泥细节或专横跋扈、压制学生个性，而是要促进学生智力、道德和身体等的全面发展。

严要适度。不能严得过分变成苛求，使学生望而生畏；也不能降低要求，使学生不经努力轻而易举就能做到。这就丧失了教育的意义，这不是严，而是放松。

严要学生理解。能使学生把严格要求作为一种必要的东西来接受，而不能认为是一种负担，更不能看作教师个人的兴趣或妄为。

严是师生共同的事。严格要求包括师生两个方面，是教师和学生的共同标准。严格要求是由教师提出的，必须从教师做起。如果只是"严"学生，而不"严"教师，学生也不会真正接受。

（3）尊重和信任学生

尊重和信任学生是沟通师生情感的桥梁。尊重学生就是允许学生在思想、情感和行为中的独立性。教师在规章制度、道德准则和社会行为规范允许的范围内，为学生提供更大的独立活动的余地；尊重学生还要求教师具有民主作风，允许学生提不同意见，教师不能把自己的话当作命令，要求学生绝对服从。

信任学生就是相信学生有学好的愿望，即使有这样或那样的缺点和问题，也是能够教育好的，"教育就是信任"。

学生如果受到教师的尊重和信任，就会得到精神上的满足，产生愉快的情绪体验，形成奋发向上的力量。如果教师不尊重信任学生，而是用简单粗暴的态度对待学生，就会使师生情感疏远，而且会使学生的自尊心受到伤害，产生自卑心理或抗拒心理，这都不利于对学生的教育。

有位男老师，训斥一个高个子、狭长脸的女生，说她与别人争吵时面孔难看得像个"吊死鬼"。当这个女生读不好书时，老师又说："看见你这张脸，呆木瓜样，就惹气！快回家照照镜子，看看你那副尊容多难看！"那个女生低着头，一声不吭，回到家后痛哭了一场。从此她不再笑了，下课也不参加同学们的活动，常常孤独地坐在教室里。当新教师找她谈话时，她突然大声说："我没有优点，你不要看我，有啥好看！我的面孔像吊死鬼，我像……"说着又大哭起来。她变成了一个自卑的人。

（4）爱学生要真诚

教师关心爱护学生必须真心实意，这是爱学生的主要内容。作为教师，要关心每个学生的学习、生活、思想、校内外的行为表现。有了这种真诚的爱，就会使学生更加自尊、自信、自爱、自强，积极地自觉地接受教师的教育。

张老师在学生眼里既是教师，又像妈妈，当张老师摸摸哪个学生的头，哪个学生会觉得是一种荣誉，也很自豪。新来的马老师学张老师摸了一下一个学生的头，却使学生反感，这使马老师下不了台。为什么同一动作会有两种完全相反的效果呢？道理很简单，张老师对学生以诚相待，她在学生心目中很有威信；而马老师虽然工作也很努力，但她经常训斥、讽刺、挖苦学生，不是诚心实意地爱学生，在学生心目中没有威信，所以被摸头的学生不认为是一种荣誉，而是一种耻辱。

（5）控制情感不迁怒

教师也是普通人，有高兴的时候，也有心情不愉快的时候。但是作为教育者，教师在任何情绪状态下都要客观地对待学生，决不能把自己不愉快的情绪借故发在学生身上。

（二）较强的教育和管理能力

1. 坚持说服教育，严禁虐待学生

一个班级由几十名学生组成，他们的学习水平、品德行为表现、守纪律状况和个性特点都会有很大的差别，这给教师的教育工作带来一定的困难。但是，教师对班里任何类型的学生都要立足于教育，发掘其积极因素，克服其消极因素，从而使其进步。同时，不论在工作顺利、成功的时候，还是在工作受挫折、失败的时候都要坚持说服教育，以理服人。过分体罚学生是对学生的虐待，是对学生身心的摧残，这是教育的失败，也是教师职业道德、教师的角色所不允许的。教师是否有正确的教育思想和教育态度，是教师工作成功和失败的前提条件。

2. 运用科学的教育方法

（1）引导后进生重建认知结构

所谓后进生是指学习比较困难，学习成绩比较差，品德行为、纪律约束不够的学生。在他们身上存在着自尊又自卑、好胜又无望、失败又不甘心、渴求信任又对立的矛盾心理，教师对这些学生不能产生厌烦的情绪和急躁的心理。

首先，教师要用真情去感化他们，帮助他们重新认识自己，正确认识自己，引导他们看到自己身上后进中的先进成分、失败中的成功因素，并不断强化，以增强自信心。

王强是一名初一学生，成绩很差，各课成绩从没超过60分大关，任课教师都认为他是一个"低能儿"，不可救药。数学期中考试的时候，他根本没答卷，而是在数学试卷上写下了一段话："0分我的好朋友你在慢慢地向我靠近0分你如此多情难道你也把我当成一个无用的人不我不是一个无用的人我是人我也有一棵自尊心再见吧0分……"监考老师面对着这无标点，有错别字，字迹歪歪扭扭的答卷，气愤至极，把王强揪到办公室交给了班主任李老师。李老师当即让他读了这段话，并帮他订正了错别字，然后又指导他重新组织一下，变成了以下一段文字：

零分／我的好朋友／你在慢慢地向我靠近／零分／

你如此多情／难道你也把我当作一个无用的人／不／我

不是一个无用的人／我是人／我还有一颗自尊心／再见

吧／零分

李老师赞扬说："这是诗，一首很好的诗。"一番话，说得王强的脸上露出了笑容。看他那高兴的样子，李老师又高度评价说："诗贵形象，这首诗是有形象的；诗有情，诗有志，从这首诗中可以看出你是不甘与零分为伍的，这正是言情言志。""这是诗？我也能写诗？"王强高兴地问道，没想到老师会这样评价他的那段文字。李老师又真情地、实事求是地分析了他的缺点和优点，并鼓励他正视自己的不足，也应看到自己的长处，发扬优点，克服缺点，努力把学习赶上去。在以后的日子里李老师经常和他谈心，鼓励他、帮助他。老师的热情教导驱散了他心中的阴影，增强了他的进取心，坚定了他与零分告别的勇气。经过努力，两年后，王强考取了高中。

其次，教师要创造条件，使后进生在班里有表现自己特长的机会。后进生的长处不仅要让其自己看到，而且教师要向班里的同学做宣传，改变后进生在同学们心目中的形象，并为后进生创造条件发挥其特长，以提高后进生在班集体中的地位。这是后进生重建认知结构的重要方式。

（2）禁闯学生的心理敏感区

所谓心理敏感区是指学生最怕别人知道的缺点和隐痛，如果别人提到类似的问题会非常敏感。如：生理缺陷；家庭成员坐牢、被判刑以及住房简陋、生活困难、父母离异等家庭问题；自己有过的重大失误，包括学习成绩差、拿过别人东西、受过处分等。

教师在公开讲话，或和个别学生交谈时，一定要避免触及学生的这些敏感区，否则会使有这些隐痛的学生产生不愉快，从而失去心理平衡。有的会情绪激烈，产生强烈的对立行为，以发泄自己的不满情绪；有的则可能被阴云笼罩，不说不笑，远离老师，把痛苦深藏在内心；有的则会一时想不开走向绝路。教师更不能有意触动后进生的心理敏感区而解自己的心头之恨，这是教师职业道德所不允许的。

（3）巧用"异性效应"

在日常生活中常有这样的事：某男生留了长发，家长、老师三令五申让他剪短，但他不以为然，我行我素。几名女生发表看法，认为不好看，还是短发神气。第二天这个男生的长发就变成了短发。这是为什么？这就是"异性效应"。

青少年进入青春期后，由于生理上趋于成熟，会引起心理上的一系列变化。男女生之间普遍会相互产生好感、互相吸引，男生总想在女生面前展示自己，而女生也希望自己在男生的心目中留下好印象。据调查，80%的中学生直言不讳地承认：与异性同学在一起学习、工作和玩耍，有一种难以言传的愉悦感。这是青少年发展过程中正常的情感交往，无可非议。

异性同学间相互吸引的情感，只要教师引导正确，会产生意想不到的自我检点、自我教育的效果。

某教师有意识地组成两种补课小组，让英语学习优秀的女生去给英语学习较差的男生补课，又让数理学习优秀的男生去给数理较差的女生补课。这样异性交错、心理交融，容易取得明显效果。这就是异性间的互补作用。

一个班级的男女生宿舍的卫生总是搞不好，在学校的卫生评比中经常是最后一名，原因是有些学生对卫生不在乎，床上总是乱七八糟的。教师想到了异性效应的作用，让男女生分别去寝室打扫卫生、整理内务，在自己的床头贴上名字，由男女生相互检查宿舍卫生状况，并在班上总结公布。这一招可真灵，平时满不在乎的男女生个个都非常认真，进行了彻底的整理，宿舍出现了从没有过的整洁局面，在学校卫生检查中终于插上了红旗。这是异性效应中的约束作用，因为男女生都很注意对方对自己的评价。

班里一男生，因为受社会不良影响，参与打群架，受到学校处分。一次摔伤骨折住院，他的心情很不好。在教师的启发下，全班14名女生一块到医院看望了他，并且每个女生都交给了他自己写的一段热情的希望寄语。这位倔强傲慢的男生在情感上受到极大的震动，眼睛湿润了，只是小声说了一声"谢谢"，再不吭声了。他返校后一反常态，刻苦学习，待人诚恳，就像变了一个人，终于考上了大学，并一直珍藏着全班女生送给他的寄语。这就是异性效应的激励作用。

所以，教师了解男女学生的心理特点，巧用异性效应，有益于男女生间的正常交往，也有利于班级工作的开展。

（4）讲究谈话的心理技巧

教师经常找学生个别谈话，了解情况，分析和解决问题。但往往碰钉子，特别是后进生，不是情绪对立，就是低头不语，使教师进退两难。为避免这种局面，教师要依据不同年龄阶段的心理特点，重点考虑下面四个因素：

真诚的情感。人的情感具有感染性，你喜他也喜，你忧他也忧。和学生谈话应和风细雨、循循善诱，以真情换真情，遇到什么情况都不能动怒、发火，不要让情感失去控制。这样师生间的心理距离就小了、接近了，谈话也就会有好的结果。

有利的时机。时机是指和学生谈话的有利的时间条件。教育的时机就是教师针对学生当时的心理特点、情绪状态、心理水平，选择最有效、最适宜的时间做学生的思想工作。教育实践表明：学生烦恼、心境不好时，情感愤懑、情绪激动时，师生处于情感对立时，学生的认识与教师的谈话内容距离较大时都不宜找学生谈话。

合适的环境。环境主要指和学生谈话的地点。学生在不同地点、场合，其心理活动的状态是不同的，教师要选择有利于创设谈话心理环境的地点。找学生谈话最好不在办公室进行，因为在学生的观念中，凡被教师叫到办公室谈话的都没有好事，情绪容易对立；在办公室，别的教师容易插话发表意见，使学生难堪，加剧对立情绪；办公室师生出出进进，学生容易产生心理压力。找学生谈话最好在没有第三者的场合进行，这样无外来环境对学生的心理压力，其效果最佳。

有效的方式。学生的思想水平、觉悟程度和个性类型不同，他们接受教育的方式也不同。所以，教师和学生谈话的方式不能千篇一律，要区别情况，采取不同的教育方式。

3．提升教育机智的水平

所谓教育机智是指教师对学生活动的敏感性，以及能根据学生新的、特别意外的情况，快速做出反应，及时采取恰当措施的能力。教育机智是教师的重要教育能力。乌申斯基指出："所谓教育机智，缺乏它，教师无论怎样研究教育理论，永远也不会成为实际工作的好教师。"

一位教师在文章中讲了这样一件事："一天，学生们在教室里正热烈地议论着什么，我一进去，谈笑戛然而止。后来，从班干部那儿得知，一个学生因为看见我与一个男同志在街上并肩而行，引出谈论中心：何老师是否在恋爱？当时我很尴尬。但我以为此事回避不得，还是正面疏导好。于是第二天我就对他们说：'老师今年二十七岁，你们认为可不可以谈恋爱？'

"大家高声回答道：'可以了！'然后哄堂大笑。

"我接着肯定了他们的猜测，又介绍了我爱人姓什么，干什么工作。最后我说：'春游时我能不能代表全班同学邀请他同我们一起去？'

"大家情绪高涨，热烈鼓掌，连声说欢迎。以后我感到他们更乐于接近我，向我表示出真诚的爱戴，把我当成了他们的朋友。"

教师的教育机智具体表现在：

善于因势利导。教师要善于根据学生的要求和渴望，运用循循善诱的方式对学生进行教育，培养学生的优良品德和心理素质。同时，将学生的兴趣和爱好引向正确的道路，迁移到学习方面或有益于集体的活动中。

能够随机应变。教师要能根据当时的情况，灵活果断地处理一些事先没有预料到的问题和事件，及时调节和消除矛盾行为，有效地影响学生。

注意"对症下药"。教师要能够分清情况和原因，善于从学生的实际情况出发，采取灵活多样的教育方式和方法，有的放矢地进行教育。

善于掌握教育分寸。掌握教育分寸就是讲究教育的科学性。在教育学生和处理问题时，教师要实事求是，通情达理，且说话合度、方式适宜，能以最小的代价取得最佳的教育效果。

4．培养组织管理能力

教师组织管理学生的能力如何，直接影响到班集体的形成和发展，关系到学生德、智、体、美、劳全面发展。这种能力包括：班级目标、计划的制订，班干部的选拔，班级骨干力量的组织，班集体的组织管理，课外活动的组织，后进生的教育管理等。

（三）坚强的意志

教师工作是一项复杂而细致的工作，工作中会遇到来自主观和客观的许多困难，这就要求教师具有克服困难的坚强意志品质，主要表现在：

明确的目的性。教师工作目标就是把全班学生培养成德智体美劳全面发展的社会主义事业建设者，教师在任何情况下都应自觉、主动地做好本职工作。

一贯的坚持性。工作要持之以恒，不在困难面前退缩，不为暂时的失败而灰心，要善始善终地做好班级工作，特别是在教育后进生工作，转变"乱班"时更要坚持到底。

处理问题的果断性。教师在任何情况下都要保持清醒的头脑，明辨是非，对遇到的问题要迅速合理地做出决定，这就要求教师要十分了解班里每个学生的具体情况。

明智的自制力。教师要善于控制自己的情感和情绪、语言和行为，抑制无益的激情和冲动，教师的一切言语和行为都要服从于教育目的。

（四）广泛的兴趣

教师工作的对象是青少年，他们好奇心强、求知欲强、兴趣和爱好很广泛，他们会向教师提出许多问题，也希望教师参加他们爱好的活动，体育、文艺、旅游……这就要求教师要有和学生相适应的兴趣和爱好，这对做好教师工作很有益处。

1．有利于做学生工作

师生有了共同的兴趣和爱好，也就有了共同的语言，融洽了师生情感，为了解学生和教育学生创造了良好的条件。

2．有利于增长教师的教育才能

在师生共同的兴趣活动中，能深入了解学生的生理特点、心理特点，从而能进行有针对性的教育，有利于提高工作效率。

3．有利于激发学生的进取心

师生有了共同的兴趣，接触的机会就多，这样教师的榜样示范将会更好地发挥作用，从而进一步激发学生的进取心。

第二节　克服心理偏差

心理偏差是人人都可能出现的问题，如果教师在教育工作中出现了心理偏差，就会直接关系到学生的健康成长，影响育人的效果。教师能否自觉地克服心理偏差，是教师素质中的一个重要问题。

教师的心理偏差，常常表现在以下诸方面：

一、首因效应

这是教师在接一个新班的起始阶段，对某个或某些学生所得到的最初的信息因素引起的心理效应，有人也称之为"第一印象"。如果以后随着获得信息的增多，而能及时调整最初的"认识"，也就不存在"首因效应"问题了。然而事实上，这种"第一印象"会在某些教师的心里固定下来，成为以后对待这个学生的主要依据，于是造成不应有的教育失误。这种心理效应，可能表现在教师心目中"好学生"的身上，也可能表现在教师心目中"差学生"的身上。

有一位年轻的教师接任初一新班后，发现有几个学生表现好，其中一个年龄较大的学生尤为突出，教师就让这个表现突出的学生做了班干部。这个学生工作很积极，还把自己的图书拿来让班上同学看，教师便培养他成了班上的第一个共青团员。有一天，教师新买的一块手表丢了，到处找不到，就报了案。两个星期以后，公安人员把表找回来还给了教师。让教师没有想到的是，偷走手表的竟是在他心目中表现最突出的那个学生，这个学生还连续偷窃过多次。分析起来，这位教师就是吃了"首因效应"的苦头。这类问题，年轻的教师要特别注意。

二、马太效应

这个概念源于《马太福音》，原来的意思是：谁本来富有，再多给他些；谁本来贫穷，连他原有的那点也夺过来。在学校教育工作中，常有这样的现象：优等生处处受到优待，他们会得到各种各样的机会，而后进生处处受到不公平的对待，被排斥在许多活动之外。有人把这种现象称作"马太效应"，实际上也就是教育者的一种心理偏差。教师对待本班的学生，也会发生这种问题。

某个班级曾发生过这样一件事情：

市里组织中学生历史故事讲演比赛，老师想推选班上的学习委员参加。学习委员在市里的数学、物理竞赛中都得过奖，但演讲并不是他的特长，于是他一再表示不愿意参加这场竞赛。此时，一位被视为"疯丫头"的女学生毛遂自荐，要求参加比赛。但是老师不打算让她去，原因是她学习不认真，上课不严肃，又好表现自己。最后实在没人报名，老师出于无奈才勉强同意她去参加比赛。结果她得了一项鼓励奖，尽管不是很理想，但这却是她凭着自己的灵气和心里憋着的一股劲争取来的。

学生对教师的不公平是很反感的，越是问题多的学生，越希望教师能公平、合理地对待他们。即使是表现好的学生，也不愿意教师把过多的表扬和机会"赐"给他们，因为他们会感到教师不公平。有一位教师在班上做问卷调查："你对教师最大的希望是什么？"87%的学生回答是："平等地对待学生。"这的确应引起我们深思。

三、光环效应

有人也称"月晕效应""晕轮效应"或"黑票作用"。这种心理偏差的特点是以偏概全，或因一个缺点弥盖了其他优点，或因一个优点弥盖了其他缺点，就像光环、月晕一样起了扩展、遮盖的作用。表现好的学生肯定有不足的地方，后进的学生也有闪光点，如果不辩证地分析问题，就会被"光环效应"所左右，造成不良后果。

一位小学老师所带的班里有一名全校有名的"调皮鬼"，经常旷课去钓鱼。一次老师患了眼病，动了小手术。两天以后他去上班，发现这个"调皮鬼"作业没有完成，原因是又去钓鱼了。老师把他叫来，狠狠批评他，可这个学生说："我妈说，害眼病，吃了鱼肝会好得快些。我就……"这引起了老师的深思,学生做了一件关心老师的好事,却被误解了,正是那"调皮鬼"的"光环"在作祟。如果老师不急于批评,先做调查,情况就不一样了。这位老师接受了教训,发掘了一些这个学生身上的优点。他会画画,会讲故事,老师就给他画画和讲故事的机会。他的作文《我爱钓鱼》写得很成功,老师表扬了他。之后他各方面的转变都很快,后来还当上了纪律委员。

四、推理错误

教师分析学生的问题时常带要推理,而推理也会发生偏差。这种偏差的特点,是教师爱把学生归到几种类型中去。某一种类型的学生,常有一"堆"相关的品质特征,它们是归类的依据。一旦某个学生被发现有某种品质特征,教师就推想他也会有一"堆"相关的品质特征。比如,某个学生鲁莽,教师就推测他容易发怒、厉害、爱欺侮人,等等;某个学生聪明,教师就推测他机敏、有活动能力、会办事情,等等。其实,这样的推理,往往偏差很大。类型不可能包含一切,人是千差万别的。要得出准确的判断,必须有充分的材料,不能主观臆断。

推理错误的另一种可能是把个体与小群体的关系作为依据,而进行推测产生的错误。某个学生属于某个小群体,这个小群体有不好的表现,当这个学生犯了某种错误时,教师就推测小群体的其他成员不仅了解情况,而且支持了他。当小群体部分成员做了某件错事时,就推测其他成员也做了错事。

五、归因偏差

教师对好事进行表扬或对坏现象进行批评,以及对表现好的学生进行表扬或对表现差的学生进行批评时,常常要分析,归纳原因,这时往往就会出现偏差。第一种倾向是强调单因素,忽视多因素；第二种倾向是强调外因，忽视内因；第三种倾向是强调教师以外的原因，忽视自己应负的责任。出现归因偏差，不论进行表扬还是进行批评，效果都不好。如果是进行表扬，被表扬的学生心里觉得不是那么回事，难以收到激励效果，而其他学生也会感到不服气；如果是进行批评，被批评的学生不会心服口服，其他学生也不能受到应有的教育。

在归因偏差中，有一点特别值得注意，就是该教师决不应回避和掩饰自己应负的责任，应勇于实事求是地承认自己的缺点。这样不但不会失去学生的信任，反而会因自己的表率作用提高威信，许多教师都有这方面的体验。

六、求全心理

这种心理多反映在对待后进生的表现上。教师往往在心目中有一套理想化的评价学生的标准，对后进生的期望值也以这些评价标准为依据。当后进生有了微小的转变时本应受到肯定和表扬，但在教师心里却觉得不值一提，离表扬还差得太远，于是不予重视、不予理睬，结果使后进生不能得到及时的鼓励，灰心泄气以至"旧病复发"。

某班有个后进生，经常破坏纪律、打架，学习也不好。老师接班时了解他的情况，对他没有好印象。这个学生在第一个星期就打了一架，还损坏了公物，老师狠狠批评了他一顿。第二个星期，他又打碎了一块玻璃，老师没问清原因又狠狠批评了一顿，而且命令他请家长，否则不让上课。这个学生怕挨打，逃了学。别的同学告诉老师，那天他不是故意打碎玻璃的，是想做好事给班上修桌椅，不小心碰碎的。老师却说："打碎玻璃就应该批评。"这话传到了那个学生的耳朵里，他觉得老师看不起他，就再也不想做好事了。这位老师就有求全心理，不能一分为二地对待后进生，只知批评，不会表扬，把本来可以引导后进生上进的"闪光点"也给磨灭了。

七、感情失控

这是常见的一种心理偏差，常发生在后进生屡教不改，当众使教师下不了台或班上出现了令人气愤的偶发事件的时候。大多数教师都曾有过感情失控的经历，特别是年轻教师，火气正旺，更容易失控。

感情失控可能有种种表现：在全班学生面前发火，大声地连珠炮式地训斥；对后进生连讽刺带挖苦，语言尖刻，把"丑底"当众亮出来；气急败坏，愤怒地离开教室，不再上课；当场宣布停学生的课，让学生立即去请家长；要求学生进行揭发、批评，问题不弄个水落石出不下课，不放学，不许回家吃饭；对学生推推搡搡，动起手来，甚至打学生。

不管哪种表现都是十分不利的，不但谈不上对学生的教育，连自身的威信也会因之降低。感情失控，反映了教师的教育修养不够、自控力差，既有认识问题、教育思想问题，也有意志品质问题，应该通过全面提高自身修养去解决。"制怒"也有一些具体方法，像自我心理暗示、注意力转移、自责，等等。

八、心理老化

这是指教师的心理太不适应儿童、少年的心理。在教育界，教育者与被教育者的心理距离是一个普遍性的问题，而且这种心理距离还有加剧的倾向。一些学生是生理成熟快过心理成熟，这是因为当今的学生大多生活条件优裕，在顺境中成长，经受的困难和挫折很少，使他们的心理成长赶不上生理的成长，造成意志品质薄弱、心理承受力低。一些教师，尤其是中年教师和老年教师，家庭与社会责任都很重，又经过很多的风风雨雨，心理年龄超过了生理年龄，过于稳重、求静，甚至过分世故。如果从事其他工作尚且好办，从事教育工作就会遇到较大的麻烦，导致总是与学生的心理需要不合拍。学生活泼、好动，希望组织热烈的、充满活力的各种活动，而教师不感兴趣，积极性不高；学生很希望利用节假日外出远足、参观、爬山、做军事游戏，而且随年龄增长，希望越远越好、越新奇越好、越艰险越好，可是教师往往觉得太麻烦、太操心、太劳累，而且容易出事，不如就近活动，平安无事。学生是不喜欢"老气横秋"的教师的，他们喜欢理解他们、与他们心理相融的教师。

教师应该具有成熟的心理这毫无疑问，但从教育工作出发，教师应该多进行"心理换位"，设身处地为学生想一想。所谓"童心未泯"，对于教师来说，太需要了。

以上列举了几种工作中的心理偏差问题，其产生的原因是多方面的，我们应该从端正教育思想、增强研究意识、学习唯物辩证法、转变思维方式、努力掌握教育艺术等几个方面去提高自己的素质，使工作中的心理偏差逐步减少，直至消除。

第三节　调适自己的心理

要教好一个班级，当然与教师的管理知识、管理水平、管理能力等因素有直接关系，但同时还受到教师潜在心理因素——心境的制约。

心境，心理学解释为一种使人整个精神活动都染上某种色彩的微弱而持久的情绪状态。教师在实施管理、传递、输出信息的同时，总是伴随着一定的情绪，诸如愉快、忧郁、愤怒、恐惧等。这些复杂的心理情绪纵横交错，构成了教师的心境。根据品质的不同，心境可分为良好心境和不良心境。

教师若具有良好心境则会"人逢喜事精神爽"，觉得学生十分可爱，而学生亦会觉得教师可亲可敬，师生关系融洽、协调。这样教师会思路开阔、思维敏捷、灵感迭生，上课时就会妙语连珠、表情自然、手势适当。良好的心境还能使教师的情绪逐渐升华成一种激情，从而全身心地进入角色。这时教师的管理水平、管理能力就会得到最大限度的发挥，班级气氛会变得活跃，管理效果达到最佳状态。由于教师的自身价值得以充分的表现，这又促使其产生发自内心的深层愉悦感，从而产生更好的心境，进入管理中更高层次的良性循环。

教师若是带着低沉、郁闷等不良心境工作，则必然会思维迟缓、思路阻塞、精神颓废，甚至"城门失火，殃及池鱼"，觉得学生的一举一动都不合要求，从而滥用批评，造成班级气氛紧张、压抑，信息难以输入，教育内容难以被学生理解。在教师不良心境的长期笼罩下，肯定会影响班级的教育质量。由于心境的感染作用，教师的不良心境会使学生感染上消极的情绪色彩，影响正常的师生关系，学生会产生逆反心理，甚至出现"顶牛"行为。教师的不良心境若不能得到控制而"走火入魔"，则还可能出现国外研究者所说的"看不见的灾难"——心灵施暴。主要有以下四种表现形式：

支配。教师严格控制学生的一举一动，要他们绝对服从自己的意志和愿望。这样随意支配，必然伤害学生的自尊心、自信心。

冷漠。教师不管学生的个性特点，因其不合心意而傲然视之，或不予理睬。学生觉得师生关系阴冷，学习生活无乐趣可言。

贬低。教师不从实际出发，对学生要求过高，当学生达不到要求时，就像吃枪药，刻薄训斥，使学生的自尊心受到严重打击。

抹杀。教师无视学生的主观努力，仅仅因为没有达到自己要求的"最低标准"，便全盘抹杀其成绩，甚至将功为过。

可见，教师良好心境荣事益人，不良心境坏事损人。诚然，人的心境是由外界的客观刺激产生的，但良好的心境也是可以"人工"造就的。教师如能发挥自身的主观能动性，有意识地掌握、调适好自己的心理，就能当好心境的主人。

一、良好心境的引发和培养

（一）提高思想素质，做好志向调控

一位教师要想始终具有良好的心境，必须具备丰富的精神内涵。志向存高远，才能"不畏浮云遮望眼"，面对暂时的功过、得失、荣辱、成败，能保持心理上的淡泊、宁静，克服思维上的绝对化、片面性，用辩证的眼光看问题，从失败中明智地洞察到成功的因素，而在态度上显得洒脱、自然，使自己的行为在任何境遇下，皆能举动从容、行止不乱、不急不躁，沉着而又稳定。

（二）尊重所有学生，做好平等调控

著名心理学家马斯洛认为人人都有自尊的需要。作为教师，要学会尊重学生。教师要有为学生服务之心，不能强迫他们适应自己，而要把自己放到与学生平等的地位上去，营造一种互帮互助、和谐融洽，有困难大家分担的氛围。这样，教师自身心理压力就可能减少，心境容易处于舒展开放的状态。

（三）实施微笑管理，做好态度调控

美国学者卡耐基说："一个人的面部表现，比穿着更重要，笑容能照亮所有看到他的人，像穿过乌云的太阳，给人温暖。"教师的微笑体现了他良好的心境，表达了他对学生的真诚、友好的思想感情。在一个班级，最易引起大家情绪变化的人莫过于教师了。教师的笑容、和颜悦色的话语，无疑会使学生倍感亲切，从而产生良好的心境，搞好学习。因此，教师一到班就应面带微笑进入角色。为了做到这一点，教师到班前一段时间可以进行积极的刺激，如选择能使自己高兴的事来做、来回忆，以期产生愉悦的体验。当学生学习繁忙、单调时，教师的微笑是对大家学习劳动的理解与尊重，是温暖人心的最美语言。学生在教师充满阳光的心境感染下，会很快消释紧张感和疲劳感，觉得轻松愉快。教师若能在学生取得成绩时，做出肯定赞扬的微笑；在学生发生错误时，做出批评摇头的微笑；甚至在学生顶撞自己时，亦能不上火、不愤怒而以笑脸相对，让微笑来"融冰雪化春水，化干戈为玉帛"，则必会使学生如沐冬阳、如乘春风，乐意与教师亲近。

二、不良心境的预防

（一）正确认识自己，乐观生活

教师要不断提高自我修养，要对自己的性格、气质、能力等有较全面、客观的了解，要根据外界评价积极调整自我认识，对自己要求既不苛求，也不贬低，为人处世能够拿得起，放得下，想得开，"知足者常乐"，在心底扶起一个坚强的我，这是预防不良心境的基本原则。

（二）提高心理成熟度，正确归因

在工作中，我们经常会发现这样一种现象：一方心理比较平静，但他的言语、姿态、眼神、情绪、处理问题的方式作为一种信息被另一方接受后，却引起另一方不平静的心理，从而导致不良心境，正像大自然中的瀑布一样，上面平平静静，下面却溅花腾雾，这就是"瀑布心理效应"。如一位新教师路遇一位班干部，他热情招呼，但对方有急事只"嗯"了一声就擦肩而过。这位教师便以为学生看不起自己，越想越生气，境由心造，竟产生隔阂，一见到那个学生心里就不自在，这显然是"瀑布心理效应"在作怪。如何预防这种不良心境产生呢？首先，教师要有宽容精神，不要为小事而心存芥蒂。其次，教师要克服易喜易怒、敏感脆弱、猜忌多疑等消极的心理，努力提高心理成熟度，做到胸怀坦荡、大度达观、心平如镜，提高接受精神刺激的能力。另外，在"怒发"将要"冲冠"之际，教师不妨自问一下："谁得罪了我？他为什么得罪我？"对获得的信息注意分析"三问"：

1．发火的后果是什么？

2．怎样使自己不过分？

3．如何付之于建设性行动？

这样一来，就能够使自己不被表面、无关、偶然的现象所迷惑，不随意归因，避免"瀑布心理效应"的产生。

（三）排解学生困惑，避免感染

由于诸多繁杂事务的存在，班级中的学生常常会被心事、家事、学习成绩、评先进、选班干部等搅得心神不安，甚至失魂落魄、愁眉苦脸。学生带着这种不良心境上课就会打不起精神来，甚至会与教师闹别扭，将不良心境"传染"给教师。这时教师必须有清醒的头脑，做好学生的心理疏导工作，防止感染上不良心境。面对失意学生，教师一不能推，二不能压，三不能"伤口撒盐"；而应体察关怀，及时安慰排解。教师若能首先创造一个宽松的环境，让学生一吐心中的不快，或许能使他们茅塞顿开、柳暗花明。其次，教师应尽力为学生解决实际困难，用关心和帮助改善学生的不良心境。

三、不良心境的消减

教师一旦产生不良心境，要采取相应的方式克服它。

（一）回避

戏剧理论家斯坦尼斯拉夫斯基有个形象的比喻：当一个人从

外面回到家里时，他首先把鞋留在过道里；当演员来到剧院的时候，他应当把个人的一切不快和痛苦留在剧院之外。教师的职责决定了教师一到班，整个人就属于班级了。因此，教师在岗期间要有极大的自控力，将一切是是非非、恩恩怨怨都要抛于脑后，还要采取积极的自我暗示、自我安慰，进行自我控制、自我调节。若还不奏效，教师可转换"频道"，如去理发、洗澡、散步、听音乐等，待不良心境消减后再处理棘手之事。

（二）宣泄

消极的情绪压抑郁积到一定程度，拥有足够"能量"时，将会"自行决堤"，造成不好影响。"堵"不如"疏"，要把它们通过适当的"渠道"排出去，如向领导或朋友倾诉，或写成日记，向自己倾诉，还可参加自己喜欢、擅长的运动，从而耗尽负能量。

（三）升华

且把苦水做美酒，变压力为动力，用坚忍不拔的毅力、坚强的意志，克服不良心境，充实完善自己，使精神境界上升到更高层次。无论是良好的心境的引发、培养，还是不良心境的预防、消减，都离不开教师的内在驱动力——责任感。作为一位教师，必须自觉地调控自己的心境，以提高工作质量。

四、强化自身素质

（一）不要跟学生斗气

跟学生斗气是最要不得的一种教育方式，是一种极坏的非教育者的态度。"给我站20分钟，1分钟也不准少！""敢跟我对着干，走着瞧！"这是多么自私暴戾！学生被"折服"了，教师可能暂时胜利了，但是真的"教育"成功了吗？学生真的改过自新了吗？显然是没有的。仇恨的种子一旦种下，教师就可能要"享受"仇恨的恶果了，少年纯真稚嫩的心被挫伤，教师就可能要以遭受屈辱做代价。这是一种可怕的师生双方均可能受伤的方式，要不得！

（二）不要怕丢面子

不要怕丢面子。丢面子而不文过饰非，不恼羞成怒，而是实实在在地自我反省，这本身便是最好的教育，教师通过身体力行、现身说法的方式告诉了大家：这就是坦荡。

不要去一味地要求学生。教师要求学生做到的，自己就要做到。倘若学生没有做到，教师便发火、便训斥、便不留情面地责备，那教师自己没做到呢？自己几度对自己发过火，几度打过自己的嘴巴？学生们对教师不敬便说学生无礼，教师对学生不尊重时，学生又该说什么呢？教师要能转换视角，多检点自己！教师的言行被大家所承认，不言则行，自然会竞而效之，如果教师的言行不被大家所信赖，即使说也不行，言不听、计不从，只有挑剔的份儿。

不要说教师难当。教师不对自己要求高，学生还对教师要求高呢！叹难者，懦夫！唯有知难而上者才是教师，才对得起教师这一无上光荣的称号。

（三）不要失去耐心

愈是在让人难以忍受的时候，愈应表现出我们的耐心。耐心的大小，在关键时刻会决定成败。

也许学生有时表现得太散漫，也许学生对教师有时大不敬，也许教师听到了一些不堪入耳的话，也许知道了一些无中生有的谣言，甚至学生表现出了对教师明显的反感与仇恨。请冷静，这时候教师若一触即发、大发雷霆，其效果将会愈发糟糕，会使教师瞠目气结、不可思议。而这时却正是教师应有所思的时候，也是冷静情感的时候。深入下去，坦诚地去找一个或几个学生谈谈，找到一个突破口，有了一个突破口就不难有一线希望，就不难见到青天，就不愁没有办法解决，也就不愁没有好的转机。关键时候，耐心忍一下，就一定有好效果。

（四）不要厚此薄彼

教师对待自己的学生，常常无形中形成了分明的厚薄之情。对于那些聪明伶俐、美丽雅致的，就不由自主、情不自禁地多给予他们许多热情、器重与怜爱；而对于那些木讷平庸、相貌平平的就下意识地冷淡了他们许多，轻视了他们许多，忽略了他们许多。可是，你可曾意识到，那些木讷者在你这儿得到些许的温情，他们就已经感激不尽了，他们十分需要老师的关心、老师的帮助、老师的鼓励，哪怕是一个眼神、一句话、一个轻微的小动作，都会使他们难以忘怀。有了那些学生的支持与拥戴，才会使教师的威信有保障、有基础、有前途；失去了那些学生的热爱，教师可能会收到意想不到的尴尬。而那些伶俐者们呢，对他们过多的宠爱只能增强他们原有的优越感而更加自负，会使他们骄傲的心更生翅膀，从而轻视或无视教师的存在，因为他们会从很多地方获得赞誉、获得宠爱。他们需要冷静的爱而不是热情的宠，所以教师对这些学生一定要有分寸。

赏心悦目者固然可爱，但忠厚淳朴者亦宜爱怜，甚至应给予更多的热情。这是一种微妙的教育艺术，需要教师一颗真诚的心。

第四节　心理健康

所谓"心理健康"是指人对于环境及人际关系具有高效而愉悦的适应。心理健康的人，能保持平静的情绪、敏锐的智能、与社会环境相适应的行为和愉快的气质。心理健康和生理健康是同等重要的，心理不健康既会影响生理健康，也会影响正常的学习和工作。

那么作为教师，应具备怎样的心理素质才能达到心理健康的标准呢？

一、客观面对现实，善于控制情绪

教师的心理要和周围环境保持平衡，首先必须能够正视现实，以清醒的头脑感知自己的教材和学生；以正确的态度对待工作条件和周围的同事及众多的家长；遇到困难时，要主动地调整自己的行动计划，尤其要脚踏实地地去钻研业务，用辛勤的劳动去创建教育的业绩。

教师要特别善于控制情绪，面对各种各样的学生错误，面对形形色色的突发事件，要坚持不要用别人的过错来惩罚自己，大发脾气。如此，便能较好地控制自己的情绪。其次，教师还要学会善于转移自己的消极情绪，如遇到情绪不好或解决不了问题时可先把事放下，或出去散步、娱乐，或换一样感兴趣的事去做，让心情平静下来后再想办法解决。只有善于自我调解、自我鼓励、自我反省的教师，才能适度掌握自己的情绪情感，迅速调整自己的心理状态，从紧张和不安中解脱出来，从而保持心理健康。

二、保持乐观开朗，善于与人交往

心理健康的人，往往是兴趣广泛、性格开朗、襟怀坦白，处事灵活又稳重，言行如一、表里一致。心理健康的教师，往往有较强的事业心，愿意和学生交往，善于和学生交朋友，能体谅人、宽容人，不斤斤计较。他们既尊重领导和同事，也尊重别人（包括学生）的意见，又有自己的独立思考，而不盲从、随波逐流；他们专心于班级工作，常常达到忘我的程度，因而能受到学生的尊敬和爱戴；他们善于团结同事，热心与家长合作，有较好的人际关系，等等。要保持心理健康，我们必须记住著名心理学家丁瓒说的一句话："人类的心理适应，最主要的就是对于人际关系的适应。所以，人类的心理病态，主要是由于人际关系的失调而来。"由此可见，良好的人际关系对教师保持心理健康有着举足轻重的作用。

三、树立美好理想，谨防心理老化

有些教师刚参加工作时还有一股热情劲，但随着时光的推移渐渐对工作不再有新奇感，不再有探索、发现的喜悦，对新事物麻木不仁，随之而来的便是教育方法单调、陈旧，凭经验办事，自以为是等。这种不思进取的惰性心理状态，便是心理老化的表现。

教师如何防止心理过早老化呢？重要的一点是要有自强不息的信念，要对自己从事的工作充满信心；要自尊自爱，而不自暴自弃；要树立美好的理想，并孜孜不倦地钻研，力求业务上的精益求精和不断创新。这样便会感受到生活的充实、追求的甘甜，从而保持一颗永远年轻的心。

四、注意科学用脑，加强体育锻炼

教师的工作是一种脑力劳动，做学生的思想工作就更复杂费脑筋了，所以要格外重视科学用脑。教师既要注意合理用脑，避免过分单调，又要善于支配时间，抓住大脑工作的最佳时间。大脑兴奋不宜持续时间太长，最好身脑交替活动，让大脑得到休息，同时，要加强对脑的营养。

教师应保证充足的睡眠时间，养成良好的生活规律，积极参加体育锻炼，如跑步、做操、打球、游泳等，这样也能有效地促进心理健康。

第四章

教师的人格魅力

第一节 人格形象

人格指一个人品格、格调、境界、道德水准以及自尊等内在素质的总和，其中较多地涉及道德因素。教师是立德树人的教育工作者，是社会主义核心价值观的宣传者，应研究自身的人格形象和人格力量。

人格形象和人格力量作为一种精神楷模和精神动力，对班级的健康发展起着巨大的推动作用。

一、产生凝聚力和感召力

学生对教师领头作用的认可有一个过程，而认可过程正是教师将其品格、情调和道德水准呈现给学生的过程，无论是语言的还是行动的，都得经过学生的检测；无论是情感的还是理智的，都得经过学生的审视。一个实事求是、言行一致、爱护学生的教师，会形成强大的诱导磁场，从而激发学生对美的追求、对真理的渴望。高尚的人格似一面旗帜，感召和凝聚学生，让他们团结向上、互助互爱、勇于进取。

二、影响学生人格的形成和发展

教师是学生心中的榜样，他的一言一行都会引起学生心灵的回响，抑或是共鸣，抑或是对抗。有人通过跟踪调查，得出如下结论：那些注意校风校貌、道德水准高的教师，其学生整体道德水平高，可谓"严师出高徒"或者"强将手下无弱兵"。而那些举止随便、不重仪表、语言不净、道德水准差的教师，其班风不正、学风不良，学生们的精神低迷。细想一下，这种影响大概是在班级的"大气候"下，左右了学生稚嫩的人格言行。

三、引起学生情感上的强烈共鸣

教师能否用情感去教育学生，会不会与学生情感沟通，是其教育成功的一个因素。高尚的人格形象并不排斥情感的流露，"无情未必真豪杰"。在组织学生看《焦裕禄》时，某教师没有跟其他老师们在一起，而是坐在学生们中间，和他们一起流泪，和他们一起感叹。泪水，缩短了教师与学生在情感上的距离，观看后教师又与学生们交流、写体会，更走进了学生们的心灵。

总之，人格作为一种潜在的长效的教育因素，应该引起我们教育工作者的注意，在实践中运用好这一因素，使教师的教育达到最佳效果。

第二节　人格魅力

俄国教育家乌申斯基曾说："在教育中，一切都应以教育者的人格为基础，因为只有人格才能影响人格，只有人格才能形成性格。"教师的人格对学生有最具体、最直接、最深刻的影响。

我国中小学教师众多。如果请你说出你所知道的著名教师的名字和他们的思想，你能说出几个呢？10个？50个？即使你能说出100个，但也仅仅是教师大军中极小的部分。魏书生、李镇西、窦桂梅、任小艾、张万祥……寻觅他们的成功之路，走进他们的教育故事，你会发现虽然他们的思想与理念精彩纷呈、他们的带班方式各具千秋，但他们身上所散发的个人魅力却是那样的相似，那就是：

激情——教育者的一种状态，它能让你始终保持初出茅庐时的工作状态；

爱心——教育者的一种品质，它能让你包容一切的孩子和孩子的一切；

创新——教育者的一种能力，它能让你的每一天都不是昨天的简单重复；

时尚——教育者的一种魅力，它能让你紧跟时代的脉搏而显得永远年轻；

沟通——教育者的一种武器，它能让你拉近与他人心灵的距离；

敏感——教育者的一种机智，它能让你捕捉住每一个教育契机；

反思——教育者的一种习惯，它能让你不断挖掘自己成长的潜力……

许多年轻教师总是希望能一下把那些优秀教师的经验学到手，能为我所用，殊不知单纯的模仿只能是形似而不能神似，只能学其表而不能及其里，只有植根于教师高尚人格这块沃土上，那些优秀的经验与思想才能绽开绚烂之花。因此，教师的专业成长必须先从完善自身的人格做起。

如果你习惯于睡懒觉，就不要责怪孩子总是迟到；

如果你没有认真备课，就不要责怪孩子在你课堂上的无精打采；

如果你不善于表达自己的爱心与情感，就不要责怪孩子的冷酷与无情；

如果你总是戴着有色眼镜看学生，就不要怨孩子与你越来越远；

如果你总是对生活充满怨气，就不要指望孩子身上能焕发出生命的活力……

人格魅力是一个人在成长过程中对来自家庭、社会、人生、学识等方面的积极、健康因素的凝聚和综合。人格魅力一旦形成，就能成为取之不尽、用之不竭的教育资源，如花朵绽放，清香四溢；如清泉流淌，清新扑面。哪怕一个眼神、一个暗示，都会形成人格魅力的磁场，让学生感受到截然不同的教育氛围：一种让人轻松的教育氛围，一种让人解除戒备和不满的氛围，一种让人为自己的偏执和鲁莽感到惭愧的氛围，一种让人敞开心扉、乐于沟通的氛围。这种氛围正是教师工作成功的基础。

【案例一】

我的初中教师

初中三年是我人生中的转折点，在这三年中，我学到了许多东西，同样也为我以后考上省重点中学打下了坚实的基础。我很感谢每一位教我的老师，当然最应该感谢的是我的教师——王老师。

…………

也许是第一届带班没有经验，她经常组织班委开会，了解班里的情况，而且每一天都会在课程结束之后，对我们当天的学习与工作做总结。她家离学校很远，差不多一个小时的路程，但无论是刮风下雨还是我们补课到多晚，她都会等我们，即使没有发生什么事情她也会留下来和我们聊聊，时不时地鼓励我们。

为了与家长有很好的沟通，她自有一套方法。我们每个人都有一本"家庭联系本"，每天她都会写下每一个人的表现，当然有好也有坏，而且要求家长签字。这个方法也许很麻烦，可是这样做让家长及时掌握了孩子的情况并与老师有了联络。

在课上她是老师，在课下她就是大姐姐，完全没有老师的架子，很随和，和我们一起玩。最让大家喜欢的是，有事和她说，她绝对会像朋友一样帮你保守秘密，而且热心帮你解决困难。

说她是大姐姐一点没错，因为她在我们面前会生气也会哭。有一次，她留我们全班背书，留了很久大家很不耐烦。她很着急，可是似乎时间久了大家了解了她的脾气，况且私下里和她相处得非常融洽，于是大家就不太认真，拖了很久还是没有人去背给她听。

那次她真的很生气，她很用劲地把门带上就出去了。她的举动把我们都吓到了，平时看来很温柔的她，生起气来也很吓人，没有人敢再说什么。最后，我去办公室把她请了出来，全班给她鞠躬道歉。当时她哭笑不得，不过经过这么一吓，大家很快都背完了书。因为是班长，所以我与她接触的时间比其他同学要多得多，我们私下里是很好的朋友，她有什么都会告诉我，我们之间无话不说，经常打电话聊天。有次她打电话给我聊了快两个小时，那一次她哭了，我感觉到她的无助，很心疼她。班级里那段时间不是很平静，一件事接着一件事，把她压得很累很累，她不知道该怎么处理才好。她没有把我当成一个小朋友或者说是学生，我和她共同研究了很久，对班上的情况一一做了分析，最后想了不少方法去处理一些琐事。

在她的带领下，我们班从一个普通班变成了一个优秀的班级，无论在学习上还是在其他方面，我们都比其他的班要出色很多，她自己在不断地摸索，从中得到了收获，但我们每一个人都知道，她为我们付出了太多太多。

…………

【案例二】

长大后我就成了你

——纪念因癌症去世的吴老师

我可能是班上最早知道这一噩耗的人吧，在将消息登上校友录的时候，万般滋味涌上心头。

不知道其他的校友是否也能常想起那句吴老师的家乡话口头禅：无所谓。为此，当时班上的语文课代表还专门写了一篇文章刊登在《中学生报》上。遇到难题了"无所谓"，遇到困难了"无所谓"，甚至我们犯了错误也"无所谓"，这并不表明她纵容我们，而是一种胸怀境界的体现。对待十四五岁的孩子，重要的不是当时管教住他们，而是让他们明白道理，使他们每个人都一直走好各自的人生路。

吴老师一直很慈祥，像慈母一般。对待我们就像对待她长不大的孩子，无论你犯什么错误，她都是耐心地跟你讲道理。虽然当时觉得她很啰唆、很烦，直到我现在也当了教师，也不厌其烦地给我的学生讲道理的时候，我才体会到她的良苦用心。但有一次在她的物理课上，我偷偷地在下面看体育报纸，吴老师发现后当场就没收了报纸，并用我从没有见过的严厉的眼神狠狠地看了我几眼，整个过程没有一句话，事后她也没找我。但从此在她的课上我再也没有走过神，那个眼神我现在还记忆犹新。

某一天，不知道是因为什么事情，我们又惹吴老师生气了，好像是上课老有人讲话吧，具体我也记不清了。吴老师照例又跟我们讲道理，但这次讲着讲着，她竟然哭了起来，我们顿时都惊呆了，这么多年来我都没看过有老师在课上哭的。这一哭也是我们成长的催化剂，结果是上课讲话最凶的几个学生（当然也包括我），一个个被班上同学打招呼，要求上课时不要再说一句废话。

在刚工作的时候，我并不认可吴老师当年的做法，认为当时我们都不怕她，她从不对我们发火，所以才管不住我们。因此，我一直以自己严格管理班级而沾沾自喜，但从老师去世后我想了很多，也明白了教师这一职责的意义。想做一个严厉的老师很简单，可以说人人都能做到，但要做一个能打动学生内心、走进学生心灵、改变学生人格的老师却很难。当你的学生一次又一次犯错误，甚至是犯同样的错误时，你还能很耐心地循循善诱，还能一如既往地教诲，没有丝毫的抱怨，这才是做老师更高的境界。

看看现在的学生，再想想自己，真的有很多话想对他们说。我们都是从那飞扬的青春年代过来的，谁没有心仪的女孩？谁不想天天抱着足球不玩到天黑不回家啊？小时候总认为老师约束得太多，总想显示自己的特立独行，事后想想真的是太过幼稚。所以还是那句话，珍惜现在所拥有的，请少一些抱怨，多一些行动；少一些浮躁，多一点成熟。青春是美好的，也是短暂的，何不让它绽放出最绚丽的光彩呢？

我想，对于我们来说，更好地做好现在的工作是我们对吴老师最大的追忆和敬意，吴老师会在天堂看着我们成长的！

第三节　教师的人格魅力

知之者不如好之者，好之者不如乐之者。

经常听到学生议论，说他们喜欢某位教师，听课兴致高；不喜欢某位教师，听课时老是昏昏欲睡。事实上，能否赢得学生尊重和爱戴，不是单一因素决定的。教师的知识水平、教学能力、气质性情、品德修养等综合素质共同融铸成的人格魅力，是教师受到学生欢迎、容纳、爱戴的主要原因。教育心理学表明，教师对学生的影响是巨大的，从幼儿园小朋友到大学生都有模仿教师行为的倾向。教师的劳动是一种以人格培育人格，以灵魂造就灵魂的劳动。

中央电视台节目主持人白岩松曾谈到这样一件事。有一年秋天北大新学期开学，一位外地来的年轻学子背着大包小包走进了校园，他看见一位老人走过来，就迎上去说："您能帮我看一下行李吗？"老人爽快地答应了。那位学子便轻装去办理各种入学手续。过了一个多小时，年轻人回来看见老人仍在原地看着他的行李，不禁大为感动。开学典礼上，当主持人介绍在主席台就座的各位领导时，年轻人才惊讶地发现，那天给自己看行李的老人竟然就是著名学者、北京大学副校长季羡林老先生。年轻人在强烈的震撼中想到了这样一句话：人格，才是最高的学府。由此可见，教师的人格魅力具有强大的感召力和凝聚力，可以给学生以撼人心魄的冲击，甚至影响学生的一生。

俄国教育家乌申斯基曾说过："在教育中一切都应以教育者的人格为基础，因为只有人格才能影响人格，只有性格才能形成性格。"

一、教师人格魅力综述

人格又称为个性，是个体具有一定倾向性的各种心理特征的总和，即一个人的精神面貌，它包括三个方面：

第一，个性倾向性。如需要、动机、兴趣、理想、信念、世界观等。

第二，个性心理特征。如能力、气质、性格。

第三，个性自我调节。如自我评价、自我体验、自我控制。

《现代汉语词典》对"魅力"的释义为："很能吸引人的力量。"魅力是自身非权力影响力，是一个人的人格、人品、学识、兴趣、才能、情感、意志、体力等素养的综合。人格魅力就是一个人在能力、气质、性格等人格特征方面所具有的吸引力。

而教师人格是指思想、道德、行为、举止、气质、风度、知识、能力等众多因素的综合，主要指教师独特的性格、气质、能力的总和。人格是在社会中形成的，它是一个人感情、言谈举止、道德信仰的综合表现。

教师的人格魅力则是指教师在学习、工作和生活实践中积累起来的，在品德、学识、个性等方面对受教育者——学生所具有的一种综合影响力。它具有强烈的感召力、感染力、说服力、吸引力，是教师内在的多种素质与外在形象的有机统一，通常通过教师的为人处世、言谈举止、授课等一系列可观的形式体现出来。它是影响学生成长发展的重要因素，是教育教学工作顺利开展的最基本的前提，在推进素质教育中起着十分重要的作用。

（一）教师人格的构成要素

1. 工作态度

教师的工作态度是教师人格的重要组成部分。如果一个教师能够忠于职守、认真钻研业务、严谨治学、甘于奉献、不断创新，他就会得到别人的较高评价；相反对自己的职业不感兴趣，对教育对象索然无味，那么，他的价值就会被低估。这种积极或消极的评价又会反过来进一步从某种程度上影响其态度，以致强化或改变其行为方式。

2. 知识水平

知识是教师工作的依据。完整的知识结构是教师搞好教育教学工作的前提，是影响教师威信的重要因素。教师的知识结构大致说来包括所教学科的专业知识，一般文化知识和教育科学知识。

3. 能力因素

能力是影响工作效率的重要个性心理特征。从能力的结构上看，教师的能力主要包括一般能力、特殊能力和教育教学能力，它们直接关系到教师的教育教学效果及其在学生心目中的威望，并影响着教师的人格魅力。

4. 品行因素

品行是影响人格魅力的稳定因素。健全、良好的品行体现了教师的人格风范，是教师取得成功的重要因素之一。

5. 气质、性格因素

气质是人的心理活动和行为在速度、强度和灵活性等动态方面的综合表现，教师的气质能渲染出其人格的独特色彩。

6. 意志品质

意志是人在行动中自觉地克服困难以实现预定目的的心理过程，良好的意志品质是一种巨大的教育力量。教师意向的果断性、自制性、坚持性是提高自己和顺利进行教育工作所必需的意志品质。

（二）教师人格魅力的主要表现

1. 良好的性格特征

性格是人格中的核心因素，最能折射教师的人格是否完美。

第一，在对待现实的态度或处理学生关系上，表现为对学生和对集体的真诚、热情、友善、富于同情心，乐于助人和交往，关心和积极参加集体活动；对待自己严格要求，有进取精神，自信而不自大，自谦而不自卑；对待学习、工作和事业，表现得勤奋认真。

第二，在理智上，表现为感知敏锐，具有丰富的想象能力；在思维上有较强的逻辑性，作为教师尤其要富有创新意识和创造能力。

第三，在情绪上，表现为善于控制和支配自己的情绪，保持乐观开朗、振奋豁达的心境，情绪稳定而平衡，与学生相处时能带来欢乐的笑声，令人精神舒畅。

第四，在意志上，表现出目标明确、行为自觉、善于自制、勇敢果断、坚忍不拔、积极主动、不卑不亢等一系列积极品质。

2. 和谐的人际关系和较强的协调能力

具备和谐的人际关系和较强的协调能力的教师，在教育教学活动中表现为愿意与家长及其他教师交往，与人相处多表现出真诚、尊敬、信任的积极态度，因而也能得到别人的尊重与接纳。同时，善于将各种关系组织起来，共同为培养学生完美人格服务。

3．有力的自我调控能力

自我调控是教师完美人格中不可缺少的部分，它表现有三：

（1）积极正确的自我认识和对他人的认识

自我认识是个体对自己和对自己与他人、与周围世界关系的认识，有正确自我认识的教师，能恰当地评价、接受自己和他人，能控制和掌握自己的命运。

（2）良好的情感及其调控能力

研究表明，富于同情心、有热情的教师往往有良好的师生关系，当教师热情并多方鼓励学生时，学生更富有创造精神。所以，在教育实践中，教师要始终保持良好的心情，对待学生要热情、真诚。教师还必须注意理智感、道德感、美感等高级情感的养成。因为，这些情感对教师信念、价值观的形成具有重要作用。教师还必须具备良好的情绪调控能力，能及时合理地排解自己的消极情绪，同时，也能控制和掌握学生的情绪、情感，为成功的教育创造健康的环境。

（3）坚忍不拔的意志力

对于从事艰苦繁重而又默默无闻的教书育人工作的教师来说，坚强的意志力更是必不可少的。它不仅能帮助教师面对烦琐的工作不退缩，而且能使教师理智地保持对学生耐心、和谐的态度。更重要的是，为学生树立了良好意志品质的榜样。

4．高度的创新意识和实践能力

21世纪是一个知识和经济高速发展的时代，新思想、新观念、新产品层出不穷，这就要求我们必须具有创新意识，才能跟上时代潮流而不被淘汰。创新的关键在教育，教育的关键在教师。作为培养社会主义建设者和接班人的教师，必须具有创新意识，在教学实践中不断改革教学方法，主动研究学生特点，启发学生思维，创造性地完成教学任务。

5．不断学习的能力

瞬息万变的信息时代的来临，要求人们不断更新知识使之与信息发展一致，未来社会对人才培养提出了更高的要求。作为人才培养者的教师，必须勇于接受新观念、新知识，主动向他人甚至是学生学习，不断充实提高自己，使自己具有广泛渊博的知识，用自身的学习力来吸引学生。

二、教师的人格魅力是学生成长的助推器

（一）有利于沟通学生情感

在教育教学的双向交流中，没有师生的心灵相通，没有思想感情的交流，也就没有教育的机缘。情感作为人的一个独特的心理因素，它对于人们认识事物具有重大的影响，在认识事物过程的各个阶段和各个层面上起至关重要的作用。学生在接受外界的教育引导、进行逻辑的理性思维的时候，也同时进行着情感的体验。一方面，学生要以自己原有的认知结构分析教育内容是否具有严谨性和科学性；另一方面，他们还要把教育内容与教师的人格特征联系起来，分析所面对的教师是否值得尊敬和信赖。只有当这两方面都得到肯定时，学生才会愉快而积极地接受教育内容。高尚的人格能够使教师在学生中能够获得最广泛的情感认同，是教师吸引学生的主要力量源泉，它能使学生对教师产生敬佩、信赖和愉悦的心理感受。这种良好的情感基础，为"教"与"学"提供了不竭的动力。

（二）有利于培养学生品德

教师对学生人格的塑造不是靠教出来的，而是在接触与交往中一种潜移默化的过程。教师不只是传授学生知识，更主要的是教他们学会做人。学生限于他们的知识、阅历和认知能力，还处

在学习做人的阶段，在他们步入社会之前，教师首先成了他们学习、模仿甚至崇拜的对象。教师的言行、对每一事物的态度都通过这样或那样的方式对学生的各个方面产生影响，这就决定了教师必须"以身立教"。教师不仅要有渊博的知识、循循善诱的方法，更要通过言传身教、榜样示范，教给学生做人的道理。也正是如此，学生对教师往往有一种特殊的期望和信赖，这就造成了学生在观察教师时会产生一种"放大效应"。教师身上的任何瑕疵，在学生眼里都会被"放大"，使他们产生巨大的失望，进而产生心理抵触。因此，教师的一言一行、音容笑貌，甚至服饰、发型都是其人格的体现，都在深刻影响着学生。

作为教师，要像大教育家孔子、陶行知那样，成为一名既"兼济天下"，又"独善其身"的追求者、实践者，用自己高尚的人格对学生进行"润物细无声"的浇灌与培养，使他们牢固树立热爱祖国、振兴中华的使命感，增强努力学习、提高能力、奉献社会的责任感。教师流露的激情、广博的知识和精湛的授课技巧都能潜移默化地感染学生，形成师生之间理智与情感的交融。这种情感的互动能激发学生的潜能和创造力，使学生的兴趣得以巩固和持久，从而促进其学业的顺利发展。

（三）有利于优化学生心理

教师人格对学生心理健康发展有着巨大而深刻的影响。教师的职业道德要求我们应当公正、客观、宽厚、仁爱，以博大无私的胸怀去关心、理解、尊重、爱护每一位学生。这种热爱、关心和尊重，是开启学生心灵的钥匙，是架在师生心中的桥梁，所有的真爱都基于一份尊重。学生最希望教师对所有学生一视同仁，不厚此薄彼，他们最不满意教师凭个人好恶偏爱某些学生或冷落某些学生。公正是学生信赖教师的基础。

在学生成长的道路上，来自教师的尊重、鼓励和爱心是持久的动力和支柱。一个思想尚未成熟的学生可以经良师的引导和点拨而升华，但教育的错位，来自教师的也许是不经意的漠视，就可能会使一个可塑性极强的学生就此消沉。对那些成绩优秀、才华出众的学生，教师要锤炼其意志，帮助他们锻铸更健康的心理，促其茁壮成长；对那些有生理缺陷或家境贫寒的学生，教师要帮助他们摆脱自卑，增强信心和勇气；对那些暂时后进或有心理障碍的学生，教师要帮助他们分析后进或心理障碍产生的原因，尊重、理解他们，使他们奋起直追，形成健康的心理。师生之间形成的民主平等、尊师爱生、教学相长、心理相容的新型师生关系，能极大增强学生的自尊心和自信心，减轻或消除学生在学习上的心理压力，使他们能发现自身的价值，主动去适应各种变化、挑战、竞争、挫折和失败，以乐观向上的态度去面对学习、面对人生、从而形成健康美好的人格。

（四）有利于激励学生的学业

教育的创造往往是从教师开始的，而教师的创造源于教师的人格特征。教师的人格特征是影响学生业绩的重要因素。心理学家研究表明，学生对知识的好奇心是由教师培养的，如果教师有强烈的求知欲，以饱满的情绪带领学生去探索知识的奥秘，就会对学生的学习兴趣和情绪产生巨大的影响，从而诱发学生的创造力，促进学生智力发展。素质教育要求教师在教学中重视发展学生的非智力因素，激发和培养学生的学习兴趣和创造能力。教学实践证明，良好学业成绩的获得最需要的往往不是超过一般人的智力，而是超过一般人的热情、自信与毅力。学生学习动力最关键、最重要的因素是：好奇心、求知欲。因此，教师在教学中要充分利用自己的人格魅力来激发学生浓厚的学习兴趣、强烈的求知欲和饱满的情绪，正如赞科夫所说的："如果教师本身'燃烧着对知识的渴望'，学生就会'迷恋'于获取知识。"

（五）有利于教师树立威信

在教学实践中，有的教师不懂得如何树立自己的威信。他们不讲究自身素质的提高，仅凭自己在师生关系中的天然优势地位驱使学生、压制学生，甚至伤害学生的自尊与人格。采取这种做法的教师认为："使学生惧怕就是威信。"老鼠怕猫，难道我们能认为猫在"鼠民"中也有威信吗？利用人格效应树立威信才是更为有效的途径。对学生而言，教师一般都具有天然影响力，如果这种影响力仅仅建立在教师的身份所赋予的权力基础上，那么，它是极不稳固的。这种影响力会随着学生对教师的逐步了解而发生变化、减弱以至丧失。教师要获得真正可靠的影响力，就要用自己的人格去赢得学生发自内心的尊敬和爱戴。

（六）有利于加强教师的榜样作用

教师不仅是知识的传授者，而且是学生的模范。教育学生不能依靠灌输、说教，而应当靠教师的身教、潜移默化。只有具有高尚人格的教师，才能培养出有健康个性的学生。苏霍姆林斯基曾说过："人只能由人来建树，……我们工作的对象是正在形成中的个性最细腻的精神生活领域，即智慧、感情、意志、信念、自我意识，这些领域也只能用同样的东西即智慧、感情、意志、信念、自我意识去施加影响。"可见，教师的示范作用是很重要的，教师的人格水平越高，其榜样作用也就越强。

（七）有利于建立和谐的师生关系

在学校生活的各种人际关系中，居首位的是师生关系。美国罗杰斯的"人际关系"理论、苏联的"合作教育学"，都把师生关系提到办学水平的高度来认识。事实也证明，从某种意义上讲，师生关系就是教学质量，师生关系融洽就能促进教育质量的提高。良好的师生关系必须依靠深厚的师生情感来维系，教师对学生的关心与热爱，学生对教师的敬佩与爱戴，是产生师生情感的源泉，也是和谐师生关系存在的基础。

（八）有利于提升教学效果

德国著名教育家第斯多惠说："一个真正的教育者，根据他自己和别人的宝贵经验，他知道，通过你是什么样的人要比你知道什么，可以获得更大的成效。"教师的人格特征直接影响着教学效果，而且这种影响往往是及时见效的。教学过程包括教师向学生传授知识和学生学习的过程，还包括师生之间思想、情感等心理活动双向交流的过程。教师对学生的态度、情感，教师的作风和意志等心理都从不同侧面影响着学生对学习的态度和学生学习质量的效果，著名的"皮格马利翁效应"证明了教师的期待对学生的学习效果的影响。教师对学生的评价、期望、注意、关心等都属于教师对学生的态度。教师积极热忱的态度能够使师生间建立融洽的关系，创造活跃的课堂氛围，激起学生学习的内部动力，能够直接或间接地对教学效果产生积极影响，提升教学效果。

根据学生学习认知的规律，教师的人格魅力可以促进课堂教学效果的提升。一个具有表达美、动态美和风度美的教师，其在讲台上展现出的完美形象可以有效地提升教学效果。学生在学习认知过程中，对外界环境的反馈效果非常明显，一个在课堂上热忱、精力充沛、情绪饱满、语言流畅、富有趣味性的教师，他的这些魅力强烈地影响着学生学习的主动性，强烈地影响着课堂气氛，从而也较为明显地影响着课堂的教学效果。教师站得直，学生坐得正，教师在课堂上严谨、准时、利落、全神贯注，学生在这些人格魅力的影响下，自然会全神贯注地投入到学习中来。一个在课堂上三心二意、心不在焉的教师，学生是不会聚精会神地听他讲的，更不会有好的课堂效果。

三、教师人格魅力的塑造

（一）学识渊博，方法得当

学识渊博、学富五车，这是教学的首要前提。教师不仅要有前人积累起来的传统知识，更要了解和掌握现代科学技术，把有用的、作为新知识生长点的知识传授给学生。所以要教好学生，教师必须有更丰富的知识、更宽阔的眼界、更高更新的创造力。教学相长，一辈子学在前面，学而不厌。当然，教学是一门最讲究艺术的工作，最低限度的智力水平显然是有效教学必不可少的，但超过了某一临界点以后，其他一些因素却是影响教学成功与否的更重要的原因，包括：

第一，组织教学的能力

即在对教学大纲和教学目的充分理解的基础上，制订教学计划、确定教学内容。要讲授哪些内容，如何突出重点，如何活跃课堂气氛，如何根据学生的年龄、心理特征和知识水平确定和编排教学内容，选择何种教学方法，等等。另外，教师还要有一定的组织领导能力和指挥才能。如此，在教学过程中才能统一教师教和学生学的意志，协调行动，取得最佳教学效果。各种教学形式的组织和安排，学生课堂学习气氛的调节和学生学习积极性、创造才能的发挥，都需要教师有一定的组织领导能力和指挥艺术。

第二，语言表达能力

教师的语言表达应做到口齿清晰、准确鲜明、形象生动、富有感情、逻辑严密、富于哲理，同时还要根据对象的不同而表现出不同的适应性。研究表明，教师讲解含糊不清与学生的学习成绩呈负相关，而教师思维的流畅性、表述的清晰度与他们教学效果的等级有显著的正相关。

第三，分析教材能力

教师应深入细致地钻研教材，准确熟练地掌握教材的内容，还要纵横联系，把最新的知识和科技成果充实到教材中，更为重要的一点还要注重求异思维，充分挖掘教材的智力因素。也就是在全面搞清教材内容之外另辟蹊径，或者寻求对教材的新理解之法，或者大胆质疑，对教材提出新的见解。如马鞍山二中物理教师汪延茂在求异思维指导下，要学生"称"出铁丝卷的长度，用天平测出小钢球的体积等，使学生受益匪浅。

总之，教师知识丰富，对学生的反应敏感，回答学生问题及时，教学方法灵活多样，就能取得学生的信任和敬佩，从而大大调动和激发起学生学习的积极性，使学生勤于学习、乐于学习。苏联著名教育家马卡连柯说过，学生可以原谅教师的严厉、刻板甚至吹毛求疵，但不能原谅他的不学无术。假如他总是一事无成，假如处处都可以看出他不通业务，那么除了蔑视之外，他永远得不到什么。

（二）心理健康，个性完善

心理健康是指自我内心的平衡和自我与社会的平衡两方面。个性完善是指具有良好的心理品质，如理想高尚、意志坚强、个人需要合理、工作动机纯正、性格开朗、兴趣爱好广泛、积极乐观，等等。

心理健康、个性完善是一个人愉快地工作、学习、生活的前提。特别是承担着教书育人工作的人类灵魂的工程师，更应该是心理健康者。事实证明，教师的心理健康不但在学习上能帮助学生取得优异成绩，而且对学生的心理向着积极健康的方向发展起着影响和促进作用。相反，心理失调的教师对学生心理的畸形发展也起着刺激的作用。因此，特殊的环境、特殊的劳动要求教师必须具备：

第一，轻松愉快的心境

教师的工作对象是活生生的、正在成长着的、有个性的人。教师不仅以自己掌握的知识传授给学生，而且以自己的志趣、才能、性格、情感、意志、心境去影响学生。教师心境良好、积极情绪状态占优势，对待学生必然是和蔼可亲、平易近人的，在教学中可以使学生产生一种愉悦的感情体验，从而使学生头脑清醒，感知范围广阔，记忆敏捷牢固，思维深刻灵活，学习效率提高。教师应该以身作则，满腔热情地对待每一个学生，以自己愉快、乐观的情绪去感染学生。

第二，昂扬振奋的精神

教学活动是教师活动和学生活动的一个十分复杂的动态性总体，是学生在教师指导下，在教师和每个学生积极参与下进行集体认识活动的过程。教师精神振奋、眉飞色舞，学生就能集中注意积极思维，师生容易产生情感上的交流。教师精神不振、有气无力，学生的注意力就会涣散。所以教师应永葆朝气蓬勃的精神风貌，踏进课堂后就应忘却天下烦心之事，思接千载、视通万里、抑扬顿挫、张弛有度，引导学生遨游在知识的海洋里。

第三，坚忍不拔的毅力

教书育人的工作是艰苦繁重的，不怕困难、持之以恒、坚定不移、百折不挠，这是学生所喜欢的教师所具备的意志品质。它使得教师在教育实践中保持着旺盛的精力去克服内部和外部的各种困难，并以自身的行为陶冶学生的情操，培养学生大无畏的精神。

第五，积极乐观的人生态度。生活是五彩缤纷的，人是主观能动的，只要积极努力，笑对生活，悦纳自己、他人、社会，自尊、自信、自爱、自强，快乐和健康就能与之同在。积极的人生态度，有利于我们激发自己的最大潜能去发现自己、挖掘自己，从而顺应并积极适应客观环境。一个有理想、有追求，总能看到生活中光明的一面，对前途存有希望、信心，时常怀着轻松的心情努力前进，即使碰到困难和挫折也能有耐心去克服的人，不仅自己活得健康、轻松，而且也会对周围的人产生一种巨大的吸引力。

（三）心胸开阔、豁达开朗

每个教师都能体会到自己劳动的欢乐，也都曾遇到过工作中的烦恼。在学生给教师带来的极广阔的情感领域内，有愉快的和不愉快的、高兴的和伤心的曲调。善于认识这种和谐的乐声，是教育工作中精神饱满、心情愉快和取得成功的重要条件。教师如果不善于看到和感觉到学生内心世界极其复杂情绪的和谐性，他将是十分痛苦的。师生相处尤其要表现出豁达开朗的心胸，然后通过这种豁达开朗的情感，将满含期待的信息微妙地传递给学生，使学生的情感受到感染、得到鼓励，产生共振和情感共鸣，从内心产生对教师的好感和尊重。

（四）热爱工作，亲善学生

敬业之人总是能得到人们的敬重，而受敬重是教师树立威信，受到学生爱戴和尊敬的基础。教师将自身与教学手段融为一体，以自己的人格力量感召、影响着学生。如果教师自身缺乏对事业的执着追求，缺乏对工作的敬业精神，那么不仅自己没有成功感和满足感，激发不起上进心，而且学生也只会马马虎虎、得过且过，从而导致教育工作的失败。

我们说教学是一门艺术，不是说它是为了表演给别人看的外在的东西。要真正运用好这门艺术，得益于对教育事业的热爱和对学生的热爱。只有具备一种教好学生、舍我其谁的使命感、责任感、义务感，只有全身心地扑在教育事业上，认识到自己是学生知识的启蒙者、智慧的开拓者、心灵的陶冶者、健康的监护人，是塑造美好心灵的工程师，是人类文明的传递者，才会使动机水平处于激活状态，从而去追求永无止境的教育艺术。另外，教师还要和学生建立起和谐、友好的关系。教学中的师生关系对教学效果的影响是直接而明显的，同时对他们的心理品质的形成也起着不可忽视的作用。常言道，"亲其师，信其道"，师生之间心理距离拉近，学生就能更加自觉地把教师的要求内化为自己的需要，品德教育和智力培养就会有良好的效果。

那么如何建立起亲善和谐的师生关系呢？

1. 尊重

每个人的存在都是一道特别的风景，这风景里鲜活的生命之树凭借着各自的尊严而博大。我们不应该忽视学生的自尊，正是由于有了自尊，美的塑造才具有了更广阔的可能性。师生关系首先是人与人的关系，大家人格是平等的。在现代社会民主、开放的环境中，学生的知识面、信息源在拓宽，民主意识在增强，他们渴望得到教师的尊重，要求表达自己的意见和看法。如果有的教师还在拼命地维护所谓的"师道尊严"，势必造成师生之间的紧张和矛盾，影响到教学效果。受学生爱戴的教师无一不是把学生当作服务对象的教师，无一不是关注每一个学生的发展，在教会学生文化知识的同时，更教会他们做人的教师。

每一位学生无一例外地都渴望得到教师的重视、肯定、鼓励、赞许。如果我们在教学中少一些偏见、少一些歧视、少一些冷眼，让每一位学生都能享受到温暖的阳光，那么无论哪种层次的学生都会获得心理上的满足，从而产生一种积极向上的原动力。课堂的魅力在于它的民主性，在于师生之间的感情沟通。只有真诚地对待每一个学生，不以学生的分数高低、听话与否而论亲疏，视学生为朋友、为亲人，真正做到一切为了学生、为了一切学生、为了学生的一切，师生之间建立起真挚的友谊和感情，教师所传授的一切才能为学生所接受。宽容与爱应该是新时代教师的从教之德，尊重学生、关心学生、激励学生、扶持学生、善待学生，就是播撒无私的爱，教学就会因爱而开花结果。

2．理解

相互之间的理解也是达到默契的必备条件。我们经常听见教师抱怨学生不理解自己的苦心，呕心沥血换来的却是嗤之以鼻，让教师感到极度的失落；而学生也在抱怨教师不理解自己，只会说教，与社会以及学生的实际相去甚远。其实师生之间是可以相互理解的，关键是要做到"换位思考"。教师应该深入到学生中间去，了解他们的实际情况，站在他们的角度来看待社会、思考问题。只要双方能像朋友一样真诚相待，教师的所教所说必然能得到学生的认同。

教学经验表明，师生感情好，教师表扬，学生认为是鼓励；教师批评，学生认为是爱护，表扬和批评在融洽的师生感情中能成为学生前进的动力。如果师生关系紧张，表扬，学生认为是哄人；批评，学生认为是整人，表扬和批评都不起作用。如果学生对教师的行为不能理解，总是认为教师和自己过不去，就会逐渐形成反抗性格，发展下去会形成病态人格。所以，改善师生关系，理解学生，争取学生的理解是很关键的。如果只是从自己的认识角度去教育学生，那么即使从道理上理由充足，从逻辑上无懈可击，从修辞上天花乱坠，也不能够拨动学生的心弦，引起共鸣。

3．交流

交流是理解与尊重的桥梁，没有交流就不可能理解，没有理解也就谈不上尊重。在师生关系中，交流的主动权一般掌握在教师手中。在交流的时候，教师要特别注意说话的方式、语气、内容，营造一个宽松和谐的氛围，同时还要善于倾听，不妄加训斥或下结论，师生之间才能达到真正的沟通。在平等的对话中，学生才会敞开自己的心扉，把自己的所思所想毫不设防地讲出来。学生们都喜欢关心他们，并经常和他们谈心的教师，因为绝大多数学生都是出门在外求学的人，教师和善、亲切的面容，会让学生有亲人和朋友的感觉，到了课堂上，也必然是宽松愉快的，知识的传播与接受也必将是和谐的，甚至有些自律性不强的学生也会因这种亲善关系而自觉尽力维护课堂秩序。

（五）以身立教，为人师表

中学生心理还未成熟，是非、道德观念尚未最终形成，环境和教育对他们的影响很大。教师在传道、授业、解惑的同时，透过他们的言行举止反映出来的思想倾向、价值取向、理想追求、治学态度等，即他们身上所展示出来的人格修养、人格魅力也在无形中给学生以深刻的影响，起着潜移默化的作用。

用自己的品格教人，可以说没有任何东西能代替人格在教育中的作用。一位中学语文教师在以身立教、为人师表方面就具有一种独特的人格魅力。虽然她只是一个任课教师，但她在学生中的威信却是很高的。该班曾是大家公认的"差班"，令其他任课教师感到头痛和棘手。而这位语文教师的教育教学效果却截然相反，她的课学生全神贯注去听，学生的积极性、主动性特高，语文成绩比其他平行班级高出一大截。这就是教师的人格魅力在其中起重要作用的一个典型例证。这种人格魅力一方面以一种无声的语言感召学生，赢得学生的喜欢与尊重；另一方面它还外化在具体的课堂教学之中，即教师自身的思想、品格、智能素质等，在授课过程中充分展现在学生面前，使学生产生由喜欢、尊重教师本人，进而喜欢教师的课，喜欢这门学科的情感，使学生能亲其师、信其道，自觉地按教师的要求去做。这就说明了高尚品格和人格修养是做教师的根本，是教师形成威信的必要条件，也是教育教学工作顺利进行的保证，更是教师人格魅力永恒之所在。

（六）观念更新，锐意创新

作为新时代的教师应摒弃"应试教育"的片面教育观、人才观，树立"不求人人能升学，但求人人能成才""能升学的是人才，能适应生活、创造生活的也是人才""人人有才，人无全才；扬长避短，人人成才"等正确的教育观、人才观。教师的责任是使每个学生的个性获得充分的发展，使学生的知识潜能得到开发，指导学生怎样做人，做新时代的主人。

创新是一个民族的灵魂，是一个国家兴旺发达的不竭的动力。创新能力并不是少数杰出人物的专利，而是每个正常人都具有的潜在品格。应试教育只注重对知识的传授，忽视对人的创新意识和素质能力的培养。课堂上，教师一言堂、满堂灌；课堂下，教师设下重重考山，漫漫题海，扼杀了学生个性、想象创造力的发展。中学阶段正是培养学生想象创造力、开展创造性学习的最佳时期，这就要求教师必须富有创新意识，这是教师人格魅力的又一重要体现。

在平时的教育教学活动中，教师应重视创新意识的发挥和发展，抓住时机营造一个创新教育和创造思维的情境，促进学生创新能力的发展。例如讲授"锻炼心理品质"内容时，在课堂上可组织学生结合课本知识及生活实际，创编表演小品，画一幅漫画，讨论辩论；课后组织学生自己设计编排相关手抄报，鼓励学生展开想象翅膀，创造出别具一格、融艺术性、科学性、新颖性为一体的作品来。这样一些活动的成功开展，既为学生提供了一个创新思维发展的良好空间，又形成了教师独特风格的教育教学思路和方法。

（七）风度优雅、气质脱俗

教师优雅的风度、脱俗的气质、优美的语言、得体的衣着、端正的外表、和谐的动作表情、工整潇洒的板书、活泼开朗的性格以及谦逊宽容的态度，对学生的心灵有很大的影响，有助于陶冶学生的思想情操，使学生由爱其师而乐于学，有利于师生友好合作顺利地完成教育教学任务。教师优美的教态，庄重优雅的手势动作、亲切热情或幽默睿智的神情，都能使学生产生愉悦感，培养出来的学生也会温文尔雅、彬彬有礼。

微笑是一种人格魅力，是教师最美的语言。自然的、真诚的、庄重的、温文尔雅的微笑是教师内心愉悦情感的真实流露，能使学生感到亲切和温暖，从而达到很好的教育效果。

根据人际吸引的原则，一个人风度翩翩、俊逸潇洒，能产生使人乐于交往的魅力。不修边幅、肮脏邋遢的人是不会吸引学生接近的。英国哲人约翰·洛克说："礼仪的目的与作用本在使得本来的顽梗变柔顺，使人们的气质变温和，使他敬重别人，和别人合得来。"衣着服饰能反映一个人的审美情趣和修养，如果一个人的服饰能与自己的气质、职业一致，与自己的形体、年龄协调，与当时的气氛和场合相符，那将会使他显得更潇洒精神、更受人尊敬。

（八）精力充沛，神情自然

在教学中始终保持旺盛的精力、饱满的热情、大方自然的神情，是优化教师形象的首要因素。与学生交往，神采奕奕、精力充沛，显得富有自信，就能激发学生的学习热情，活跃教学气氛。

如若教师萎靡不振、无精打采，显得疲惫不堪，会使学生感到兴味索然乃至不快。一个精神饱满、神情自然的教师往往也会给人留下自信、乐观、进取和对生活充满热情的印象。神情倦怠、精神涣散或者表现出紧张局促、手足无措，都会给学生留下不成熟、不专注、看不起人的印象。因此，教学中始终要以极大的热情关注学生，对学生感兴趣的东西感兴趣，并随对方的言谈举止做出自然得体的反应。也就是要别人喜欢自己，自己要先喜欢别人，要吸引对方的注意，先要注意对方。

教师站在讲台上面对学生，学生的眼睛就像是一部摄像机，随时都会把教师的身影摄入心底，并在一生中反复地放映。教师的个体形象，包括音容笑貌、举止风度，几乎在学生的心灵中储存终身，以至吸收为自己的个性特征。教师的举止、装束、言谈、态度、作风都会参与课堂教学的全过程，辅佐知识的传授和对学生进行思想教育。教师在课堂教学中着装朴实整洁，举止稳重端庄，性情活泼开朗，待人热情大方，谈吐文雅谦逊，态度善良和蔼，就会使学生在课堂上深深地佩服这个教师，从中感受到力量、意志、修养、个性的具体的美，让学生陶醉在知识和审美的海洋里，充分发挥巨大的潜能，配合教师圆满地完成教学任务。

一个称职的教师，内在的学识品德和外在的风度仪表都应该成为学生的表率，做到心灵美和行为美的有机统一，不但以自己渊博的学识，同时以自己优雅的风度仪表，去影响塑造学生的品行，让学生真正懂得："美，是道德纯洁、精神丰富和体魄健全的强大源泉。"

（九）幽默风趣、平易近人

充满幽默感的教师永远是最受学生欢迎的教师。幽默感最直接的体现方式就是语言，教师应当是语言大师，从某种意义上讲，教师语言表达能力比对演说家的要求还要高。每个教师应根据自己的个性、气质、专业，精心设计自己的语言风格。大凡教育家都十分重视语言的幽默，让学生在笑声中轻松接受教育，每堂课都要让学生有笑声。让课堂充满欢笑，能使教学妙趣横生，增强教师的魅力，建立平等、友好的师生关系。复旦大学外语系教授陆谷孙先生提出，上一堂课至少要让学生大笑三次。他讲课妙语连珠、别具情趣，具有独特的个性魅力，在丰富的知识教学中，不失时机地"幽"他一"默"，显示出一种大师的气度和智慧。他开的讲座，不仅外语系的学生喜欢，其他系的学生也踊跃前往，场场爆满。在复旦大学评选最杰出教授活动中，陆先生以最高票数雄踞榜首。可以说，陆先生的课堂教学"三笑"论，已不仅是一种智慧的展示，更是一种全新的教学理念的成功实践。

要谈吐幽默，言语高雅。谈吐能直接反映出一个教师是博学多识还是孤陋寡闻，是接受过良好教育还是浅薄无知。一个不善言谈、沉默寡言的人很难引起学生注意。在课堂外能侃侃而谈，用词高雅恰当，言之有物，对问题见解深刻，反应敏捷，应答自如，能够简洁、准确、鲜明、生动地表达自己的思想与情感，就表现出其不同凡响的气质和风度。然而，高雅的谈吐是无法伪装出来的。卖弄华丽的辞藻，只会显得浅薄浮夸；过于咬文嚼字，又会使人觉得酸味十足。另外，教师要做到不背后议论学生，讲话注意分寸；背后表扬学生，多讲其优点；当面批评学生，指正其缺点。作为教师尤其不要油嘴滑舌，不要讲粗话。

（十）率先垂范、师德高尚

在学生心目中，教师是社会的规范、道德的化身、人格的楷模。教师的人格作为师德的有形表现，对学生具有强烈的影响力。高尚而富有魅力的教师人格能产生身教重于言教的良好效果，庸俗而贫乏的教师人格则不仅会使学生失去学习的兴趣，而且给学生的健康成长造成极大的负面影响。学生往往自觉或不自觉地从教师的言谈举止中发展自身性格，从教师的品行中形成和完善自身品德乃至人格。

鲁迅先生曾说过，伟大人格的素质重要的是个"诚"字，诚实是正直的基础，是心灵美的核心，教师养成诚实的品格具有重要的意义。教师的人格也体现在对社会事物的道德评价上，对真善美的由衷景仰，对假恶丑的愤恨憎恶，都可折射出人格美的光辉，给学生以强烈的感染。教师平时在自己的工作生活中，对己、对人、对事时，应努力做到"宽而栗，柔而立，愿而恭，乱而敬，扰而毅，直而温，简而廉，刚而塞，强而义"。这段摘自《尚书·虞夏书·皋陶谟》中的话的意思是：作为师长，为人态度要豁达，毫不拘束，又能恭敬谨慎；性情温和而又有主见；行为谦逊而又严肃认真；虽有才干办事又不马虎；能接受别人的意见，又不为纷杂的意见所迷惑，而能刚毅果断；行为正直而态度温和；从大处着眼又能从小处着手；刚正而不鲁莽；勇敢而又善良。

教师教学生学做人，首先自身得会做人，使自己事事处处都成为学生的表率。教育家苏霍姆林斯基说："请你记住，你不仅是自己学科的教员，而且是学生的教育者、生活的导师和道德的引路人。"做学生的人生导师很难，教师自己的人生层次要高，只有以德修身，才能以德育人。古人说过，"经师"易得，"人师"难求。教师在学识渊博、教学得法之外，还要有更高的追求，这就是以育人为理想，以塑造人的美好心灵为己任，没有功利目的，是完全出于对生活、对学生一生负责的责任感。教师还要把遵守师德同遵守其他领域的道德结合起来，同遵纪守法结合起来。作为一名教师，不仅在学校里要有师德，而且在社会生活领域也应该成为遵守社会公德、家庭美德的模范，成为遵纪守法的模范，这也是作为一名教师应有的品德。

（十一）举止大方，温文尔雅

举止稳重，文明得体，能正确地表现出一个教师良好的教养，给人留下成熟信赖之感，粗俗不雅的举动则令人生厌。分寸得当的交往距离使彼此心理上都感到舒适坦然，过度亲热或冷淡则容易引起对方误会。一位教师的潇洒举止还来自其平时的修养，应做到该行则行、该止则止、该说而说，做事稳重而有分量，待学生热情而又有分寸，礼貌而又不拘小节，等等。

第五章

教师的教学方式

第一节　尊重学生，公平对待

在这一层次中，平等公正是核心要求，也是最基本要求。早在2500多年前，大教育家孔子就提出了"有教无类"的教育理想，并且亲自践行了不分贵贱、不分贫富、不分年龄、不分国籍、不分美丑、不分恩怨、不分材质、不分优劣、不分个性、不分亲疏的教育思想，不以个人的私利和好恶为标准。第一本教育学专著《大教学论》的作者夸美纽斯则发自肺腑地指出："从童年培养儿童的公正时起，在对待他们的态度上也应是公正的。"教师职业道德要求全体教师必须做到公平、公正地对待每一个儿童，没有偏私、没有偏爱、没有隐瞒，除了做到孔子做到的"十不"之外，还要做到不分种族、不分肤色、不分宗派、不分性别、不分婚姻状况、不分政治或宗教信仰、不分家庭状况、不分社会或文化背景等。

尊重学生人格就是将学生作为平等的人格主体予以应有的尊重。尊重包含三方面的含义：一是尊敬与敬重；二是重视并严肃对待；三是行为庄重。1959年联合国通过的《儿童权利宣言》和1989年通过的《儿童权利公约》不仅明确了儿童"生存、发展和充分参与社会、文化、教育生活以及他们个人成长与福利所必需的其他活动的权利"，而且对如何尊重儿童提出了具体要求。《中华人民共和国教育法》《中华人民共和国教师法》《中华人民共和国义务教育法》《中华人民共和国未成年人保护法》等对教师尊重学生人格都提出了相应的法律要求。例如，《中华人民共和国未成年人保护法》明确规定："学校、幼儿园、托儿所的教职员应当尊重未成年人的人格尊严，不得对未成年人实施体罚、变相体罚或者其他侮辱人格尊严的行为。"事实上，尊重是一种无形的教育力，它能够有力地促进学生健康发展，能够增强学生的自信心，达成苏霍姆林斯基提出的"让每一个孩子都能抬起头来走路"的教育理想。同时，教师尊重学生人格还能赢得学生对自己的尊重与爱戴，达到《礼记·学记》中描绘的"亲其师……信其道"的境界，并进而促进学生自由而全面地发展。尊重学生人格包括尊重学生的潜能，因材施教；尊重学生的个性，因势利导；尊重学生的差异，取长补短。

关心爱护全体学生，一方面强调关心爱护，始终把全体学生放在心上，重视之、爱惜之、保护之。另一方面，关心爱护的对象是全体学生，教师的关爱必须是泛爱，即面向全体学生的爱。关心爱护全体学生，就是关爱学生的学习与健康，关爱学生的思想与品德，关爱学生的成长与进步。关心爱护全体学生的理想就是真正实现伟大的人民教育家陶行知先生提出的"爱满天下"。

【案例】

另类绰号

"陈老师，您看张蒙，他又在给女同学起外号了！"班干部西西又来办公室告状了。我把头伸向窗外，只见这一群正在进行体育课自由活动的孩子们又在因为起绰号的事"大动肝火"呢！我静观其变。果然，不一会儿，李婷抹着眼泪向我哭诉："老师，难道就因为我嘴巴大就得叫'大青蛙'吗？"还没等我亲自去"捉""罪魁祸首"，他居然自己"送上门来"："老师，她还管我叫'武大郎'呢！"听着他们的"申诉"，我真是又好气又好笑。确实，这一段时间以来，班里经常会因为这些事闹得不团结，怎么办呢？

何不寻找一些新异的刺激，引起新的兴奋中心？于是，经过再三思索，我决定让"雅号卡"这个小小的"文明使者"走进我们五年级三班。"同学们，老师想请大家根据自己的性格特点、兴趣爱好、个性特长，给自己封一个'雅号'，好吗？要充分表现你的与众不同之处噢！当然，不好意思的同学可以请大家来帮助。"一石激起千层浪，教室里顿时一片沸腾，不一会儿，大家纷纷议论起来。

"我提议，田靖雅号为'小刘翔'，因为她在我们班跑得最快！"萧文静发表了意见。

"我同意，每次运动会她都为我们班争得很多荣誉，而且这个名字也有代表意义呢！"

"我给自己封个雅号叫'小贝多芬'，大家有没有意见？我的电子琴曾获得全国比赛一等奖，钢琴也已拿下十级证书。爱好作曲的我今后要以贝多芬为榜样，长大争取做一名杰出的音乐家。"听了孟菲的发言，教室里热烈的掌声已做了响亮的回答。

"老师，我以前爱叫王弈'小四眼'，可现在我知道自己错了，这样的称呼对他是极不尊重的，今天我要向他道歉，并且想赠给他一个雅号'小棋圣'，因为他的围棋下得简直棒极了，将来一定能够超过聂卫平！"

纯真的孩子，纯真的语言，再看王弈早已感动得不知说些什么好。

不一会儿，"故事大王""小夜莺""足球小将""小文通""开心果""小诗人""双绳健将"纷纷从这个团结向上的集体里诞生了，同学们把获得雅号的快乐写在脸上。

这时，我发现只有韩冰低声不语。是啊，以前她听到的都是"大肥猪""大懒蛋"的称呼，似乎比听到自己的名字还多，唉……

"同学们，咱们一起给韩冰同学封个雅号，好吗？"我的一席话，让大家陷入了沉思："封个什么好呢？"

这时，班长站起来说："她平时最关心集体，放学后经常主动做卫生，而且谁有了困难，她都能热心帮助，我提议，韩冰叫'热心肠'，而且我们都应该做'热心肠'，好不好？"

"好！"同学们异口同声地回答，教室里又是一片沸腾。只见韩冰红彤彤的小脸蛋儿露出了美滋滋的笑容。

第二天，教室的课桌上都摆着同学们精心准备的自制"雅号卡"的材料：白板纸、小相架、废纸盒……课下，他们在上面绘上自己喜爱的、充满丰富想象的精美图案，每幅图画都代表着自己雅号的特殊意义，再贴上自己的一张小照片。嘿，瞧！上面的形象个个活灵活现。有的还邀请老师、同学、家长写下对自己的祝福语。

"'小画家'，帮我画只鹰好吗？"这是平日里最爱叫姚兰"大座钟"的阎晓龙在请求她帮助绘制"雅号卡"。

"'小棋圣'，中午咱们杀一盘？"

"没问题，'小问号'。"

听着他们以特殊的方式彼此亲切地交流，我真的很开心。从此，再没有人给别人起绰号了。

课上，老师根据"雅号卡"的称呼（无论哪一个科目，老师都能一目了然）提问。课堂上那种紧张的师生关系渐渐消失了，取而代之的是一片融融的朋友情。

小小"雅号卡"，情系你我他。大家终于明白了每个人身上都有闪光点和良好的道德情感，健康向上的班风也在不知不觉中形成了，班集体更加和谐、融洽，课堂学习效率也提高了。谁又能说教师不是这项活动的受益者呢？

爱的前提是尊重，教育的前提也是尊重。假如没有尊重，就不可能有爱，也不可能有教育。在这里，既有教师对学生的尊重，又有学生对学生的尊重。陈老师将"雅号卡"引进了自己的班级，从封雅号到对学困生的关照，从自制"雅号卡"到班集体的和谐、融洽，这里既透露出教师对学生的尊重，又引导学生相互尊重。尊重是教育的前提，也是爱的前提。引导学生学会尊重他人，是教师必需的一项修炼。

【案例】

陶行知的"四块糖果"

一次，教育家陶行知看到学生王友用泥块砸同学，当即制止，令他放学后到校长室来。陶行知来到校长室，王友已等在门口准备挨训了。可一见面，陶行知却掏出一块糖给他，并说："这是奖给你的，因为你准时，我却迟到了。"王友惊疑地接过糖。陶行知又掏出一块糖放到他的手上："这第二块糖也是奖给你的，因为我不让你再打人时，你立即就停止了。"王友瞪大了眼睛。陶行知又掏出第三块糖："我调查过了，你用泥块砸那些男生，是因为他们不遵守游戏规则，欺负女生；你砸他们，说明你正直善良，且有跟坏人做斗争的勇气，应该奖励你啊！"王友感动极了，他流着泪后悔地喊道："陶校长，你打我两下吧！我错了，我砸的不是坏人，是自己的同学啊……"陶行知满意地笑了，又掏出第四块糖递过来："为你正确地认识错误，我再奖给你一块糖，只可惜我的糖用完了，我看我们的谈话也就完了吧！"

面对犯错误的学生，大教育家陶行知没有劈头盖脸地训斥，更没有请家长，而是在调查研究的基础上对犯错误的学生进行了充满爱的教育。这种教育彰显着大教育家对学生的尊重，透露着对教育的理解。陶行知对学生的爱是朴实的、真诚的，教育的艺术是高超的。

被毛泽东称为"你是我二十年前的先生，你现在仍然是我的

先生，你将来必定还是我的先生"的徐特立先生在任长沙女子师
范学校校长期间，有一次，学生与厨房工友之间产生矛盾，并打
碎了厨房的一篮子碗，工友们要求开除学生。徐特立先生得知此
事后，只是写了一首小短诗贴在公告栏中："我愿诸生青出蓝，
人财物力莫摧残。昨宵到底缘何事？打破厨房碗一篮。"学生与
工友见到后，都纷纷到徐校长处承认各自的错误。什么是尊重？
这就是尊重。什么是爱？这就是爱。什么是艺术？这就是艺术。
陶行知先生与徐特立先生的言行举止，彰显着他们对学生深深的
爱、教育的智慧与技巧。

第二节　严慈相济，良师益友

对学生严慈相济，就是对学生的严格要求必须建立在爱的基
础上。假如对学生的严格要求没有建立在爱的基础上，很容易导
致学生将这种严格要求理解为教师对自己的"苛求"。苏联著名
教育家马卡连柯则论述了自己教育学生的基本原则："尽可能多
地要求一个人，也要尽可能地尊重一个人。""把严格要求人和
尊重人结合起来，这不是两种不同的东西，而是同一种东西。"
因此，严慈相济中的"爱"是有目的的、服从社会要求的、理智的、
严格的爱。严慈相济中的"严"首先必须建立在善意的基础上；
其次，必须为学生所真正理解与接受；再次，必须是客观的、合
理的要求；最后，必须是学生能够做到的。教师必须做到严而有格、
严而有度、严而有方、严而有理、严而有恒。总之，爱与严是共
生的，爱是严的基础，严是爱的升华。

做学生的良师益友，这是针对教师职业道德角色规定的。正
如赞科夫所言："教师既是学生年长的同志，同时又是他们的导

师。无论对集体，还是对个别的学生，都时刻不要放松自己肩负的指导责任——这一点正是应该做到的，虽然做起来相当困难。"这就要求教师一方面应该做学生发展的指导者、促进者、点拨者、合作者、帮助者等。所以教师在履行这一职业角色时，务必注意不断提升自己的职业精神，树立自己的职业信念，改善自己的职业道德，丰富自己的职业知识，提高自己的职业能力，最终发展成为教育教学的行家里手，即良师。

另一方面，教师应该做有利于学生发展的朋友。这就要求教师在履行这一职业角色时，务必把学生当作活生生的人去看待。在此，孔子提出的"己所不欲，勿施于人"的消极处世观和"己欲立而立人，己欲达而达人"的积极处世观，应该给教师做好学生的益友以启示与启发。事实上，教师只有成为学生的益友，才能全面地了解学生、理解学生、宽容学生与信任学生。应该特别指出的是，教师只有做到将心比心，敞开自己的心扉，才能打开学生紧锁的心扉，也才能成为学生的益友。

【案例】

冷漠也是一种激励

莫小倚慌慌张张地跑到学校的时候，同学们都已经在早读了，教英语的张老师正站在教室门口，看到她，冷冷地说："莫小倚，迟到一次，自己给自己记过吧！"

一句话，莫小倚刚刚还格外紧张的心，蓦然就变成了一种难以抑制的委屈，眼圈霎时就红了。片刻，她昂起头说："知道，我会的。"然后便冲到自己的座位上。

莫小倚知道，记过三次，就等于失去了年终评"三好学生"的资格。

其实，莫小倚以前根本不曾迟到过，自打背上书包那天起，就有着提前半个小时进教室的习惯，这是第一次。

昨天晚上她怎么也睡不着，很兴奋。考试结果出来了，英语第一次拿了个第一，莫小倚有些不敢相信，又有些自豪和得意。自己其他学科都特别出色，可英语老是停留在全班第三的位置，教英语的张老师似乎从来就不曾正眼看过自己，更别说一张温柔可亲的笑脸了，这让莫小倚心里总像是长了草，乱糟糟的，有事没事儿就翻看英语杂志、背单词，暗自发誓一定要让张老师对自己另眼相看。

是的，另眼相看！莫小倚就是这么一个女孩，早已习惯了赞扬的目光，容不得别人眼光中透出的一丝冷漠。然而，张老师还是一如既往的冷漠，这种冷漠让莫小倚变得愤怒而不安，所有的骄傲和热情似乎就在那一个冷漠的眼神中瞬间冷却下来。

莫小倚从书包中取出发下来的那份英语试卷，想给自己一些满足感。是的，这时，或许只有这张薄薄的卷子能给自己一些满足和自豪了。看着看着，嘴角不自觉地勾起了一抹笑意。

或许是太入神了吧，感觉有人站在自己身边的时候，莫小倚吓了一跳，抬眼，正迎上张老师冷冷的眼睛："最简单的地方你给了一个错误答案！"言毕，扭头大步走了开去。

莫小倚的脸却蓦地变红了。她咬着笔杆，恨恨地说道："下次，下次，一定不让你小瞧！"

接下来的日子，莫小倚不允许自己有丝毫的放松和马虎，英语如此，其他科目亦是如此。随之而来的，是莫小倚开始不那么自以为是了，身上那些被赞扬堆起来的锋芒渐渐地消失了，人也变得平和了，开始有成绩差一些的同学围在她身边请教功课了。

年终成绩跻身全校第一是莫小倚想都不曾想过的，然而莫小倚还是被一片热烈的掌声推上了领奖台，举起大红奖状、向台下鞠躬的一刹那，透过一张张羡慕和赞扬的脸，又看见了张老师那双眼睛。那眼神依然是冷冷的。莫小倚那颗被喜悦充溢的心，一下子就平静了下来。低头下台时，张老师淡淡地说："成绩只是一时的，并不代表会是一世的。"

从那以后，每每取得了什么让他人艳羡的荣耀，莫小倚还会激动，但再不会骄傲，更不会得意。张老师的冷漠似乎成了她的一块心病，每每要得意起来的时候，心病就会犯，从而浮躁的心就会在瞬间回归平静，觉得一切并没那么了不起。在这种心态下，莫小倚走进了大学，又很顺利地考取了一所名牌院校的研究生。

多年后，莫小倚和中学时代的一位同窗谈起逝去的时光，感慨之余，同窗突然说道："知道吗？你一直是张老师的一块心病。"

莫小倚听了，摇头叹道："我知道，可我不知道自己为什么就成了他的心病了，一直不明白他为什么对我那么冷漠？"同窗笑道："一开始，我们也不明白，后来，张老师生病了，我和几个同学去探望，张老师说起你时，很自豪，说你是他最看好的一个学生，只是不得不狠下心来对你冷漠。你是一个出色的学生，勤奋、聪明，但身边赞扬的目光太多了，他担心那些东西会让你忘记迈开脚步继续前进……"

听着听着，莫小倚忍不住满目潮湿起来。是的，当自己被鲜花和掌声重重包围起来的时候，谁又能说冷漠不是一种强有力的激励呢？

《荀子·宥坐》曾记载了大教育家孔子的一个教学故事。有一次，孔子携弟子游览鲁桓公庙，见到一个文物。孔子便问守庙人："这是什么器皿？"守庙者答曰："这大概就是宥坐之器。"孔子说："我听说宥坐之器，虚则欹，中则正，满则覆。"并让弟子灌水试验，结果正如孔子所言。孔子便抓住时机及时而教，发出嗟叹：

"唉！哪有骄傲自满而不自取灭亡的人呢！"我们从小学时起，就背过毛主席的"谦虚使人进步，骄傲使人落后"，也听说过"响鼓仍需重锤敲"，张老师在发现莫小倚习惯于赞扬的问题后，唯恐莫小倚被这些东西缠住前进的步伐，刻意采取了"冷处理"教育方式：一是用冷漠的眼神关注学生，二是言语上适时地"敲打"。正是由于张老师的独特教育方式，才使莫小倚在以后的人生旅途中取得了令人艳羡的荣耀，虽然还会激动，但再不会骄傲，更不会得意忘形。爱与严本是一回事，爱是严的基础，严是爱的升华。

【案例】

巴尔扎克和他的老师

有一天，一位老妇人挂着拐杖来拜访巴尔扎克。她拿出一本学生的作文本，说："亲爱的巴尔扎克先生，您是一位大作家，我想求您一件事，请您仔细看看这本作文本，并回答我，这个孩子的作文水平究竟如何？今后的前途又会如何？"

巴尔扎克十分仔细地看完了这个作文本，然后问道："你是孩子的母亲还是奶奶？"

"不是，先生。"

"那一定是亲戚？"

"也不是。"老妇人一直摇头。

"那么，恕我直言奉告你，这孩子出息不大。仅从字迹来看，这个孩子就显得很迟钝。"

"是吗？"老妇人大吃一惊，"不过，您当上了声名远扬的大作家，怎么连您自己的字迹也认不出来了？这是您读小学时用过的许多作文本中的一本呀！"

"啊，老师，是您……"

巴尔扎克无论如何也意想不到，自己孩提时代的老师到现在还珍藏着自己的作文本，不禁羞愧得满面通红。通过这件事，巴尔扎克改变了自己以往凡事过于自信、武断的性格和习惯。

"十年树木，百年树人。"巴尔扎克的小学教师对巴尔扎克的教育并没有因学生早已毕业而终结。在白发苍苍的年龄，她仍在关注自己那已经成名成家的学生巴尔扎克，并发现他成名以后一度过于自信，处理事情有些轻率、武断。对此她采取了登门造访的方式，妙用巴尔扎克自己小学时期的作文本对其进行了适时适度的教育。这段轶事表现了老师对巴尔扎克深深的爱。

第三节 保护学生，维护权益

保护学生，是对教师职业道德的最低要求。一是因为中小学学生绝大多数是未成年人，依据《中华人民共和国未成年人保护法》第三章第二十二条："学校……不得在危及未成年人人身安全、健康的校舍和其他设施，场所中进行教育教学活动。学校、幼儿园安排未成年人参加集会、文化娱乐、社会实践等集体活动，应当有利于未成年人的健康成长，防止发生人身安全事故。"二是教育赋予教师的义不容辞的职业责任，能否保护学生安全是检验教师职业道德水平高低的一个重要的底线标准。

保护学生安全首次被写入教师职业道德规范之中。保护学生安全，尤其是保护中小学生安全，是教师的天职，也是教师应尽的第一义务。保护学生安全包括：一是教师组织学生参加各种各样的教育教学活动时，必须保证学生安全；二是教师在学生安全受到威胁时必须挺身而出，保障学生安全；三是教师必须尽可能地防止校园暴力的发生；四是教师必须未雨绸缪，积极开展生命教育，通过生命常识教育、生命安全教育、生命价值教育等，引导学生学会认识生命、尊重生命、珍惜生命、热爱生命。

关心学生健康，是教师职业道德规范的内容之一。学生健康包括身体健康与心理健康两个方面。目前，我国中小学生的身体健康与心理健康都不容乐观。在身体健康方面，近视率持续走高，身体素质全面下滑，已经成为教育的顽疾。教师必须严格执行国家的各项规定，做到精教、精学、精练、精作，不得随意侵占学生的休息、娱乐、体育锻炼的时间。在心理健康方面，首先，教师在教育过程中务必注意把握学生的心理特点，留意学生的心理变化，不得有有损学生心理健康的言行。其次，教师要积极对学生开展心理健康教育，防患于未然。再次，教师务必要注意对家庭离异、亲人去世、处于心理断乳期等学生的心理健康予以特别关注。最后，教师要多与学生、学生监护人进行语言交流与心理沟通，以准确把握学生的心理变化情况，因时施教。

教师要维护学生权益。一是因为维护是维持与保护的合称，维护包含保护。二是因为权益是法律所赋予的学生应该享受的不容侵犯的权利，自然是合法的。《中华人民共和国教育法》第五章第四十三条对受教育者享有的权利有明确的规定：

（一）参加教育教学计划安排的各种活动，使用教育教学设施、设备、图书资料；

（二）按照国家有关规定获得奖学金、贷学金、助学金；

（三）在学业成绩和品行上获得公正评价，完成规定的学业后获得相应的学业证书、学位证书；

（四）对学校给予的处分不服向有关部门提出申诉，对学校、教师侵犯其人身权、财产权等合法权益，提出申诉或者依法提起诉讼；

（五）法律、法规规定的其他权利。

　　记得有人说："你选择了某种职业，其实你就选择了一份责任。"而从教育的视角分析，保护学生的安全是教师的第一责任，是教师的天职。从法律的视角分析，这是法律赋予教师的义务，因为中小学生是未成年人，保护未成年人是教师应尽的义务。

第六章

教师的必备品质

第一节 真诚和自信

一、真诚是根本

真诚是优秀教师工作的根本，是教师获得学生信任的前提，教师教育应从真诚开始。

师生的相互信任又是教师工作顺利开展的保证。教师要摆正自己与学生的位置，要认识到教师是"传道授业解惑"者，同时教师又是以学生为服务对象的，即教师是为学生服务的。教师的任务不仅是教知识、讲道理，更是为促使学生成才、成人而创造条件。教师要让学生相信自己，愿意教师为他服务，就必须坚持一个"信"字，以诚待人，以诚取信，鼓励学生，以一颗真诚的心对待学生。

作为一名工作在教育第一线的教师，应该认真地反思：在讲台上说了多少永远"正确的废话"？面对学生讲的话是不是都出于真诚？给学生讲那些"大道理"时，自己是不是在心底真诚地接受这些道理？在自己的生活、工作、娱乐中，是不是按照自己讲给学生听的道理去说、去做？如果不是，不就是在欺骗学生吗？我们自己的不真诚，必然造就学生的不真诚。要想让受教育者是真诚的，我们每一位教师都应该是真诚的，真诚地生活、真诚地工作、真诚地说每一句话、真诚地做每一件事。教师绝对不可以不真诚，不可以台上讲一套、台下做一套，这样势必会丢掉自己的人格，更是误人子弟。

"上善若水，厚德载物"。真诚，是做人的基本准则。作为教师，要做一个坦诚的人。教师是人类灵魂的工程师，优良的思想、道德素养是教师的灵魂。各界一直对教师的评价颇高，这就要求教师必须真诚，正确认识、对待自己的工作。

美国教育家罗杰斯曾说："当我如实地表现自己时，当我不必带上盔甲去比试，而是无所顾忌出现时——当我能接受这个事实：我有许多缺点和错误……这时，我就能更为真实。"圣人尚有不足，作为教师要能正确地看待自己的不足与失误，并努力学习加以改进。我们要褪去为人师者的权威，放下架子，与学生进行真诚平等的对话。

【案例一】

一个男孩上初中时十分贪玩，成绩自然惨不忍睹。老师开始还对他心怀希望，后来便死了心，但为了照顾他的自尊心，以免一二十分的成绩让他面子扫地，于是批他的试卷时尽量放松尺度，有时甚至根本不看，匆匆批上个六十分就完了。这个学生也知道是怎么回事，每次发了试卷也只匆匆一瞥，就随手扔到别处。

不久调来一位老师，在判这个学生的试卷时，有人告诉她以前那位老师的做法，她只好效仿，给他打了六十分。发卷子的时候这位老师注意到，那男孩随手把试卷扔到抽屉里。这位老师心里猛地一沉，她连忙走过来，要回试卷，取出红笔重新为他批阅。结果这个学生只得了十几分。最后，老师说："你是学生我是老师，批改你的试卷是我的职责。你答对几道题我就只能给你相应的分数，只有这个分数才真正属于你自己。"

几年后，在熙熙攘攘的大街上，一个大学生走到这位老师面前："可能您已经忘记我了，但我永远记得您。您就是那位重新给了我自尊的人。是您真诚的行为和言语让我走到了今天。"

【案例二】

下面摘自胡老师的一段教育手记：

我的班上有35名学生，在这个温暖的大家庭里，和这些孩子们一起学习，一起生活，使我仿佛也回到了童年时代，看着他们天真的笑脸与求知的眼神，我觉得我的使命是何等的重要，在这个充满神圣的工作岗位上，我没有一丝的马虎，我要让我的学生永远对学习产生乐趣，要让他们不断地进步。

赵超是我们班一个很例外的孩子。从一年级起就是一名让老师头疼的学生。他不爱学习，爱打架，是一个典型的"双差生"（学习差、纪律差）。面对这样一份履历，我心里直打鼓：批评起作用吗？谈心有效果吗？我能转变他吗？用什么办法来转变？短期内看来不会有大的转机。有了心理准备，我就逐步对他实施教育。每隔一两天，我就以补课为理由找他聊天，给他讲学习方法，讲解难题，最重要的就是让他把心多用在学习上。开始，他对我并不信任，也不愿多谈自己的观点，更多的是在那儿坐着听我说，有时候心不在焉，甚至有点儿不屑一顾。许多次我自己都想放弃，但想想他的前途，又不甘放弃。时间就这样流逝，一个月过去了，他没有什么改变。

机会终于来了，学校要举行课间操评比，各班都在加紧练习。可正在这个时候，我班的体委生病住院了，同学们心急如焚。这时，我发现赵超对练操这件事非常热心，毛遂自荐当体委，组织我班学生训练。我终于发现了他身上的闪光点，并及时地对他提出表扬和鼓励。经过一周的练习，我班学生的做操水平有了很大提高，在校课间操比赛中一举夺魁，而此时，赵超的嗓子由于过分的劳累变得沙哑了。发奖大会上，赵超被全班同学推选为代表，去登台领奖。当他站在高高的领奖台上的时候，在场所有人的目光都投向他，他成了这个操场上最亮的一颗星星。他笑了，因为这是他第一次扮演这样光荣的角色，这是他发自内心的自豪的微笑……这时我的心里一阵激动，作为教师，必须有一双慧眼，善于发现每一个学生的闪光点。所以在班会课上我对赵超进行了表扬与鼓励。他在座位上坐得比平时上课还直，还认真。孩子都是需要鼓励的，我把他叫起来，问："赵超，你看，这次课间操比赛我班取得了这么好的成绩，是与你的努力是分不开的，这足以证明你是个热爱班集体、不甘落后的孩子，老师也相信，在以后的学习和纪律中，你也会不断进取，不断严格要求自己，争取在这些方面也发挥出你的光芒来，好不好？"其实，这时候不用语言我就相信他一定能做到，因为他在全班同学面前很自信地点了一下头。

"精诚所至，金石为开"，我的心思没有白费，我的付出有了回报，我坚信心与心是可以相通的。课后我又把他单独叫到我身边来。"我觉得我们只是需要时间来互相了解，学习成绩不是唯一的评价标准，每个人都有自己的优势，比如说你有很强的组织能力，而且特别热心，这都是你的优点，只要你今后改进学习方法，合理利用时间，从基础抓起，你的学习一定会取得进步。"我趁机鼓励他。"老师，你对我有信心吗？""当然了，没有人天生比别人差，只要用心都会进步的。""谢谢您，老师。"我用自己的真诚与爱心打动了一个人的心，也许改变的将是一个人一生的生命质量。我得出了人生的一条经验：用爱心可以换回爱心，用真诚可以呼唤真诚。

案例一中的教师简简单单的几句话，竟使一个处境窘迫的人重新树立了自信，并通过自己的努力取得了可喜的成绩。面对一个陷入困境的人，怜悯似的施舍只会使他的自尊蒙上灰尘，这并不是真正的帮助。教师应该做的是帮他拂去尘埃，让他重新看见自己的价值与尊严。唯真诚才能赢得敬畏，唯真诚才能换得学生的喜欢，唯真诚才能赢得真诚。

案例二表明尽管有些"差生"很让人头痛，但一无是处的学生是不存在的，每一个学生都有他的闪光点。作为教师就应该尊重学生，承认学生之间的差异，以一颗平等对人的爱心，去发现学生身上的优点，并寻找合适的契机，采用合适的方法帮助指导学生，使其全面发展。

那么，教师怎样做到"真诚"呢？

（一）关注每名学生的进步成长

青少年时期是世界观、人生观形成的关键时期，其思想行为正在走向成熟但尚未成熟；他们思想活跃，可塑性强，热爱学习，易于接受新事物，但辨别能力差，往往良莠并取。由于缺乏社会实践经验和艰苦条件锻炼，他们思想容易发生摇摆，特别是在复杂的环境下，缺乏辨别是非真伪的能力。因此我们在教育方式上要尽量避免干巴巴的讲读式的教育，而是根据学生的年龄特点，把知识、哲理、榜样、激情融为一体，有目的地组织具有思想性、科学性、知识性、趣味性的活动，通过活动来实施教育。

（二）平等民主地对待每一个学生

真诚地对待学生，就要面向全体学生，平等民主地对待他们，不歧视任何一个学困生、生活特困生、生理或心理有疾病的学生。一位教育学家曾说："漂亮的孩子人人都爱，爱不漂亮的孩子才是教师真正的爱。"只有平等地对待每一个学生，尊重他们的看法，才会使班级成为一个有凝聚力、向心力的集体，才会使每一个学生觉得自己是班级真正的主人而去热爱它、呵护它、珍惜它的每一点荣誉。

（三）充分信任每一个学生

对于班级的管理以及班干部的设置，教师要遵循人人参与、各尽其能的原则，想方设法增添岗位，争取让每一个学生都参与班级的管理，不使有的学生产生被边缘化的感觉。大家都牢固树立起"班荣我荣，班损我损"的思想，快乐地生活在班集体这个大家庭里。

因此，教师要真诚地爱学生，时时处处为他们着想，为他们的现在、未来着想，为他们的思想、心理、道德、学习、生活着想，用真诚呼唤真诚。

二、树立自信心

著名发明家爱迪生曾说："自信是成功的第一秘诀。"的确如此，坚强的自信往往能使平凡的人做出惊人的事业来；胆怯和意志不坚定的人即使有出众的才干、优良的天赋、高尚的品格，也终究难成伟大的事业。

培养教师的自信心很重要，我们的教师有自信吗？教师自己相信自己，相信自己的使命、自己的职业、自己的明天吗？自信是成功的基石。只有自信，才能使一个人的潜能、才华发挥到极致。要培养学生的自信心，教师在教育学生时要充满自信，相信教育的作用，相信每个学生的闪光点都可以发扬光大，相信每个学生都可以成长为顶天立地的人。教师要不断地提高和完善自己的教育教学理念，给孩子足够的时间，耐心地等待他们带来的惊喜。

作为教师，站在讲台上时应当有足够的自信，善于用自信感染学生。教师的自信，有利于激发学生的求知欲，把相信教师和主动学习结合起来。

作为一名教师，你的自信可以感染你的学生，让班级充满勃勃生机。教师的工作不只是管理班级，也不只是教学，而是要激发班级学生产生理想和抱负，并朝目标勇往直前。作为教师，如果要使自己的学生具备自信的健康心理，就必须以自己的自信来塑造学生的自信。因为学生的自信要靠我们的自信去启迪、去感染、去铸造。自信的教师，音容笑貌间传达的是洒脱与果敢，举手投足中折射的是刚毅与坚定，言谈话语里流露的是睿智与英明。这毫无疑问，都会对学生自信的形成在潜移默化中产生积极的影响和导向作用。所以，教师只要承担起了教书育人的重任，就必须拥有属于自己的人生自信。

【案例一】

"在日常的教学过程中，老师需要不断自我鼓励，增强自信心。"全国师德标兵邹有云、黄静华、盘振玉、林崇德来到上海教师教育网，就师德观念、教师人格魅力、教师教育理念等方面的问题和本市教师网聊。短短一个小时，全市教师发了1500多个帖子和师德标兵进行交流。

"我们班级有个学生让我伤透脑筋，他在美术方面有一定的天赋，而对其他科目却没有任何兴趣，考试都排在全年级最后，成绩很少能超过50分。尽管我一直努力去激发他的学习兴趣和动力，花了很多时间和精力，但没有效果。现在，我开始怀疑自己，不知道该怎么办。"网聊现场，来自江西的师德标兵邹有云一上网就看见这句留言，他立即敲出："继续和这个学生交流，开导他，帮助他培养起对各个科目的学习兴趣。另外，在日常的教学过程中，教师培养学生自信的同时，也需要进行自我鼓励，帮自己培养自信心。"

邹有云老师说道，自己也曾经有过这样的经历，通过和学生长期的贴心交流，经常鼓励学生，发现学生有一点细微的进步，自己都会及时鼓励他，帮他树立自信心。与此同时，各位老师也需要自我鼓励，培养自己的自信心。

【案例二】

下面摘自一名新教师的教育手记：

作为一名刚走上讲台的新教师，第一次在众多经验丰富的老教师面前上课，紧张之心不言而喻。而我自认为教案准备不充分，又给自己增加了心理压力。

人说压力可以被转化为动力。夜深人静时，我依旧一人在办公室里试教，猜想着学生可能会有的各种各样的反应，熟悉直至能够比较自然地实施整个教学过程。

在上课铃声即将响起时，我的紧张之情达到极点：心怦怦直跳，即使深呼吸也无济于事。可我又感到十分庆幸，因为当我走上讲台时，慌乱的心竟然立即放松下来：三尺讲台，其实就是教师最美的舞台，它是教师展现自己的最佳位置。

上课期间，学生给了我巨大的动力：平时课堂学生虽也认真听讲，但还是有不少学生会做些小动作或与同桌交头接耳。今天的课堂，学生都打起了十二分精神，一个个脸上非但没有害怕、畏缩的表情，反而显现出兴趣高昂的样子：坐姿端正、举手积极，甚至连平时难得抬头的几个同学，都高高举起了小手，用渴望表现自我的眼神望着我，期待着我能给予机会，展示他们。我的心中，恐惧之情早已荡然无存，取而代之的是信心，是感激：有如此的学生陪伴，我又有何可惧？从前，只觉得班中的学生太活泼好动，难以让我这个初出茅庐的新老师上好一堂像样的课，可今天的课堂，恰恰成了他们展现自我的绝佳舞台！如此的学生，和在座老师期待的目光，深深鼓舞着我，使我真正做到了充满能量和信心——我要和我的学生一同上好这堂课，尊重学生，尊重课堂，尊重同坐一室的各位老师。课堂上的气氛十分热烈，老师们通过阅读和多方面的讨论，对课文的主题有不同层次的理解，学生也得到了不同层次的知识。

本堂课，总体而言还算成功，但需改进之处依旧十分多。新教师，原本就应在课堂实践中，一点点获取经验，然后，不断地完善自己的教学实践。这堂了解性听课，使我更加坚定信心：我要一直努力，保持旺盛的精力，对自己怀有信心，相信通过不断的努力、实践、汲取经验，一定会在今后使自己的一份天空更加明朗！新教师，请时时刻刻保持勤勉和进取，若干年后，我们也一定会有成绩可以展现在长者面前！

案例一中邹有云老师的观点告诉我们，作为教师应当树立自信心，一位教师自身缺乏自信心，怎么可能培养出自信十足的学生？在日常教学过程中，教师应该不断增强自信心，赏识、鼓励学生，培养学生的自信，提高自身的心理素质，适时适度地调节自己的心态与情绪。

案例二中的新教师在课堂教学前产生的紧张感、恐惧感，随着课堂气氛的热烈和学生的踊跃而消失，她顺利地完成了这节课程，从而总结出"要一直努力，保持旺盛的精力，对自己怀有信心"的经验。

那么，教师应当如何树立"自信心"呢？

（一）要有深厚的文化底蕴

一名自信的教师应有扎实的专业功底、精准的专业术语、流畅的语言表达、翔实的数据材料、熟练的实验操作，对课堂教学环节胸有成竹，能够灵活驾驭课堂，能够把更多的注意力集中在教学内容的加工与处理上，能够给学生愉悦的课堂体验，能够引起学生的学科认同，调动学生的积极性。作为一种特殊的职业，在学生的眼中，教师就是知识的化身。尽管在信息渠道日益多元化的今天，无论是在拥有知识的广度上，还是在占有知识的深度上，教师应该无愧于"知识化身"的神圣称谓。也只有这样，面对知识领域可能已超过书本的学生，教师才能够底气足、自信地走上讲台，才能够真正赢得学生的厚爱。

（二）要有高超的教育教学智慧

综观当下中国基础教育领域中的一些深受推崇的教育大家和教坛新秀，都以其高超的教育教学智慧为自己赢得了自信，同时，也赢得了自己在中国基础教育界的一席之地。魏书生老师以自己高超的"培养学生教育能力和自我教育能力"的智慧，铸就了自己"教育改革家"的辉煌；高万祥老师以自己"善于学习"的智慧成就了自己"学习型校长"的荣耀；李镇西老师以自己"民主、科学、个性"的教育理念和教育实践，为自己赢得了"中国的苏霍姆林斯基"的美誉。

（三）要有无怨无悔的教育追求

教育是事业，事业的意义在于献身；教育是科学，科学的价值在于求真；教育是艺术，艺术的生命在于创新。作为教师，无论是视教育为献身的事业、视教育为求真的科学，还是视教育为创新的生命，都必须以自己毕生的心血和汗水来浇灌教育的丰沃田园，以自己灿烂的青春和生命来培植教育的参天大树。作为教师，只有充分地认可教师职业的崇高，明确教育事业的伟大，坚信教育工作的高尚，才能够构建起自己献身教育的光荣感、神圣感和使命感，才能够真正涵养出属于自己的教育自信。

第二节　以德服人

一、宽容

教育，是对生命个体的尊重和唤醒，是对人内在潜质的开发和拓展，它应当让学生自由地生长。这种生长需要一种平和的心境，一种智慧的胸襟，一种独特的魅力，它就是宽容。

"海纳百川，有容乃大。"宽容是一种境界，更是一门教育艺术。"宽容别人，就是善待自己。"宽容是一种尊重，是一种美德，是一种爱，是博大的胸怀，当然宽容并不意味着放纵。不懂宽容，失去的是学生的尊重；一味宽容，失去的是自己的尊严。宽，应有度；严，应有格。

法国著名作家雨果曾说，"世界上最宽阔的是海洋，比海洋更宽阔的是人的胸怀"。自古以来，宽广的胸怀就为人所称道、为人所求，俗话说"宰相肚里能撑船"，指的就是这种境界。宽容是春风，温暖着寸寸心田；宽容是一种爱，支撑着友情与和谐。宽容是一份涵养，也是一种处世哲学，它要求教师对待学生不急不躁、冷静对待；宽容是一份理解，也是彼此之间的支持，它要求我们要多思考、多替学生着想；宽容是一份尊重，也是一种无间的沟通，它要求教师和学生零距离接触，进行心灵的沟通。

一位哲人说过一番耐人寻味的话："天空收容每一片云彩，不论其美丑，故天空广阔无比；高山收容每一块岩石，不论其大小，故高山雄伟壮观；大海收容每一朵浪花，不论其清浊，故大海浩瀚无比。"哲人之言无疑是对宽容最生动直观的诠释。

【案例一】

一位教师在检查学生宿舍时发现了几个烟头，经查，确认是本班的几个学生所为。按惯例，写检查、通知家长、上报学校给予纪律处分是常见的处理程序。但这位教师在冷静地思考之后，面对惴惴不安的学生说："现在有一项重要的任务需要你们完成：利用各种渠道搜集吸烟有害健康的材料，做成宣传版画，在校园内公开展览。只要完成得好，就取消对你们的处罚，时限为两周。"两周后，图文并茂、制作精美的"吸烟有害健康"的宣传版画贴出来，引起了师生的关注，在学校取得了良好的教育效果。"老师，您还处罚我们吗？"一个犯错误的学生问。教师指着宣传版画说：

"这不是最好的处罚吗？"

【案例二】

一位教师在上公开课《我爱秋天》，有几个捣乱的学生故意大口大口地吃带来的苹果，而且发出很大的声音，一直吃个不停。因为他们的不守纪律，课堂气氛变得乱糟糟。教师火冒三丈，但没有严厉地批评他们，反而顺势问他们："你们这么喜欢吃苹果，那么我们都等你们快把苹果吃完，然后告诉大家，你们在吃秋天的苹果时有什么发现，好吗？"学生马上意识到自己的行为不对，很快吃完了苹果并举手发言。

案例一中，我们虽然不敢断言这几个学生此后将会与吸烟诀别，但可以肯定的是，这种"美丽的惩罚"的教育效果远远好于常规的处罚。因为这样的教育过程蕴涵着教师的智慧和教育艺术，又是学生在具体的教育情境中切身体验和自觉自悟的过程。

案例二中的教师以宽容的态度处理学生的错误，取得了很好的效果。宽容应当因材施教，因人而异，因事而别。事实证明，有时宽容引起的道德震动比惩罚更强烈。"金无足赤，人无完人"，我们不是圣人，犯错也就在所难免。如果不懂宽容，一味钻进追究责任、怨恨报复的死胡同里，那么我们失去的不仅仅是过错造成的损失。宽容使我们得到的将会比失去的更多，因为我们宽容的是过去，而得到的却是未来。

结合以上案例和中小学教师工作实际，教师应怎样做到"宽容"呢？

（一）培养"宽容之情"，做到宽容待生

1. 宽容学生的对抗情绪

学生的对抗情绪可能会出现两种情况：一是当面顶撞老师，表现极为不满；二是表情冷漠，沉默不语。这时，教师必须冷静，要善于疏导，给予宽容，可以中断谈话或者巧妙地变换话题，这样做既可缓和气氛，又可了解其内心世界。

2. 宽容学生的反复表现

有的学生的思想、学习、行为等方面已形成了一些不良习惯，彻底改掉并不容易，也不现实。这就要求教师必须有"允许别人犯错，又允许别人改错"的博大胸怀，要相信学生一定能学好，要意识到学生的反复是因为自我控制能力较差，在内外因素的作用下这种反复就会自觉不自觉地表现出来。教师要尽可能地挖掘他们的闪光点，只要他们有一点点的进步，就应该给予肯定。

3. 宽容对待学生的学业成绩

对于学习基础较差、学习能力不强、学习习惯也不好的学生，教师对他的学业成绩自然不能要求过高，否则欲速则不达，容易伤害他们的自尊心，打击他们的自信心，产生反效果、负效应。教师应当用放大镜去观察、发掘学生的优点，发现优点更大力加以赞扬肯定，从而使学生在一次又一次的赞扬肯定中，不断提高自己的自信心，激发其向更高的目标奋进。

只有宽以待生才能有包容，学生才有"安全感"，才能营造比较宽松的教学环境，才有民主的课堂氛围，才能让学生的个性张扬流露，课堂才有生气、有活力。

（二）把握宽容与严格的尺度，善用惩罚与赏识教育

为人师者，教书育人。教书其次，育人才是根本。教师要把握好"严"与"爱"的辩证法：对学生的错误要不间断地提出不同层次的严格要求，善于疏导、勤于矫正、乐于教化；对学生的一言一行都要讲规则，不可放任自流，如课堂上坐不翘凳、站不偏向、写不弯腰等，让学生知道课堂无小事，事事关品行。只有把握了宽容与严格的尺度，爱才能产生永恒的教育力量，才能使

学生"让自己成长为自己"。同时，教师要赏识学生，首先必须接受学生的全部，无论是优点还是缺点，全面地看待一个学生，这是赏识教育的关键。因为只有这样才能充分地认识到学生身上的长处，发现学生的闪光点，并积极地为延伸和发展学生的优点创造条件。

（三）尊重并理解学生，建立良好的师生关系

教育教学中，教师常常以严肃的面孔维持着"师道尊严"，这样往往使学生对自己敬而远之。在教学实践中，教师一个小小的微笑，或者一个无意的举动，就会使学生记忆犹新、铭记在心。教师若把学生当作知心朋友，尊重学生的人格，与学生平等交谈对话，进行心与心的交流或沟通，建立起学生的自信，这样以心换心，用自己的言行和诚心感染、影响学生、教育学生，学生就会感觉得到了幸福。

"世界上比山高、比海广的是宽容的胸怀。"宽容是一种美德，对被宽容者来说，宽容有时是一种惩戒，有时是一种教育，有时是一种谅解。宽容是一种无声的教育，这种教育远胜于体罚，只有教育中充满了阳光、充满了关爱，才能真正让学生体会到学习的乐趣，师生关系才能更加融洽。

教育是心的教育，是爱的教育。为了学生的身心健康，请教师舒展博大的胸怀，学会"宽容"。

二、感恩

何谓感恩？感恩是对生命恩赐的领略，是对生存状态的释放，是中华民族的传统美德，是增进人与人之间感情融洽和睦的助长剂。懂得感恩，能化解心中的苦闷与烦恼，友谊情感也在感恩中得到升华。学生更应懂得"知恩图报"，以一颗感恩的心去回报自己曾受到的恩惠。

作为教师，应该努力寻找一种由内而外的"内省"新模式，它寻求一种道德的人本理解、以人为本的方式把握和理解学生，真正促进学生的主体性的发展，使其最终成为人。毫无疑问，在新的时期对学生的思想道德教育工作中，引入感恩思想迫在眉睫。

感恩是一种生活的大智慧，感恩是一切良好非智力因素的精神底色，感恩是学会做人的支点，感恩让世界如此多彩，感恩让我们如此美丽。加强学生的思想道德建设工作就从感恩教育开始吧！

【案例】

看美国的哈尔·厄本做的一个非常著名的实验。

他要求学生在接下来的 24 小时里不准抱怨（虽然对这项实验任务，学生的第一个反应便是一阵抱怨）。消除掉抱怨的影响后，他们接着讨论了一些具体的事宜。他的第一个要求是，即使他们在第一个小时里违规发出抱怨，也不能停止实验（其实大多数学生在第一小时里就开始抱怨），假若不能在 24 小时里不发出抱怨，要至少在一天中尽量减少抱怨。接着，他建议学生在兜里揣张纸条，每次发觉自己在抱怨后便计个数。

第二天，他要求学生们猜猜，多少人自昨天以来没有抱怨。他们都写下一个数字。在那个班的 30 名学生中，大家猜出的不抱怨的人数在 6 到 12 之间。而他猜出的数字是零，而且这个数字从来不会错，他说。在过去 18 年里，这个实验反复做，没有哪个学生能在 24 小时中一句也不抱怨的。这一实验最精彩的部分是接下来的讨论。他提了两个简单的问题：这项实验的目的是什么？你们从参加这项实验中学到了什么？大家对这两个问题的回答实际上完全一致。对第一个问题的回答是这样的："你想要我们知道我们多么容易抱怨。"正确。对第二个问题的回答通常是："我懂了，其实没有什么多少事情值得我们抱怨。我的抱怨实在有点傻。"

同样正确。不论他们是否真的抱怨或者是否意识到自己在抱怨，他们都熟悉了两样事情：自己常常抱怨，自己抱怨的事情其实微不足道。

以上这两项是这项实验的第一部分。紧接着那次讨论，展开了实验的第二部分。他给学生们分发一张表格，表格顶端写着："我感激，因为……"下面是三栏，第一栏的标题是"事物"，要求学生在下面列出自己很高兴拥有的物品。第二栏的标题是"人物"，让学生列出自己赞赏的人物。第三栏的标题是"其他"，他们可以在这一栏列出不属于前两栏的任何事物。大约20分钟后，三栏全部填好。紧接着开始的是实验的第三部分。他要求学生在以后的24小时内把自己填写的这张表格读四遍：午饭以后、晚饭以后、睡觉之前、第二天上学之前或开始学习之前。

第二天上课时，他问学生，努力不抱怨后，感觉与前一天有没有什么差别。当然，他们的答案他早已经知道了。学生们走进教室时的体态和手势已经发生了重大变化，不但与前一天不同，而且与以往任何一天都不同了。大家脸上开心的微笑更多了，眼睛也睁得大多了，身体也显得更具活力了。这是魔术吗？不，只是赞赏、是感恩。感恩精神让心灵发生了奇迹……

案例中是什么使得这帮孩子在短时间内有这种质的提升呢？是感恩思想中内省的自我发展要求的激发。教师对学生进行思想道德教育时，要的就是这样一种由外省到内省的反思。主体意识的复归和个性发展的主动权和制高点的有效控制，这正是我们所要借鉴的。

在中学生的道德教育中，"感恩教育"是一个起点。当前，许多中学生缺乏感恩意识，主要是由于父母的宠爱、溺爱造成的。作为教师，应该反思当前的教育方式，唤醒学生的感恩情怀，让学生学会感恩。

结合以上案例和中小学教师工作实际，教师教育应从"感恩"教育开始：

（一）重视感恩教育启蒙，开启学生感恩之心

教师可以利用各种场合或时机在学生的心底播撒善良的种子，好让学生逐步形成正确的世界观、人生观和价值观。让学生用感恩之心去感受世间的亲情、友情和恩情，在接受他人关爱、支持和援助时，给他人以回报，不要只图索取和享受。教育学生将他人的恩惠铭记在心，增强责任感，要有一颗感恩之心，懂得怜悯，懂得尊重，懂得负责，与人为善，善待自然界中的一草一木。

（二）及时点拨学生，参与感恩教育的实践活动

环境是无声的教育，对学生起到潜移默化的作用。教师可以创设以"感恩"为主题的教育氛围，让学生的心灵在充满"感恩"的氛围中接受洗礼。教师可以根据学生的特点，进行"感恩"活动。例如：讲述"感恩"的故事，创办"感恩"小报，设计和编排"感恩"的节目，开展"感恩父母""感恩社会"的活动，等等，以此增加学生的社会责任感和爱社会、爱国的情怀。

教师通过营造浓厚的氛围，可以让"感恩"教育有声有色，使学生自愿参与"感恩"活动，去亲身体验，去感悟人生，去领悟真理。

（三）体验"感恩"的真实情感

1. 结合节日，开展活动

如国际"三八"节、母亲节，教师通过这些节日对学生进行传统道德教育。

2. 开展"学做父母，体验辛劳"的活动

如冬天洗衣、洗菜等家务活动。让学生们从真实的生活中感

知父母的伟大与艰辛，从而将"感恩"内化为心灵深处的情感，从内心深处迸发出孝敬父母的情怀。

三、以德育人

德国著名教育家赫尔巴特曾经说过：教育的唯一工作与全部工作可以总结在这一概念之中——道德。以德育人，是指教育者以身作则，用自己的美德、高尚的品质、良好的思想素质去熏陶、感化学生，进而达到教育培养学生的目的。这里的"德"，即美德，指教师的职业道德、良好的思想素质等。

学校就其目的和任务而言，不外乎"教书"和"育人"。如果说传播知识——"教书"是教学的主体，那么对学生进行广泛的思想道德教育——"育人"则是教学的基础。能否做好育人工作，关系到整个教育的成败。由于教师在学校教育中所处的特殊地位，因此在对学生进行德育教育的过程中始终扮演着主力军的角色。在教育教学中要想取得优异的成绩，其中首要的一点就是必须牢牢抓住德育的切入点，以德执教，以德育人。

"学高为师，身正为范。"这里的"身正"，就是指具有高尚的品质、良好的职业道德，有美德才能赢得学生们的信任、尊敬和崇拜，学生往往是"度德而师之"。"物得以生为之德"（庄子语），庄子认为"德"是行为的效果。作为一个教师，应有高尚的品德、良好的职业道德、较高的思想素质，如：谦虚、和蔼、爽快、充满爱心、一视同仁、言谈适度、举止得体、雷厉风行、以身作则、不讽刺学生、不偏袒学生、不苛求学生、不体罚学生、热爱本职工作、爱岗敬业、乐于奉献、不在学生面前发牢骚，等等。教师良好的品德对学生总是潜移默化的，教师的言传身教、学生的耳濡目染，对学生良好行为的养成、乐观开朗性格的形成以及正确的人生观的树立，无不起着直接的、积极的、重要的作用。

面对社会的复杂、家庭教育的参差不齐，教师要认真分析青少年的心理发展规律，坚持"先成人，再成才"的育人理念，以德育人、育人育心，取得"双赢"的局面。

【案例】

蔡老师是全国优秀教师，作为一名教师，他很注重"以德育人"。

教师节，乐清中学的政治老师蔡老师早早来到学校，办公室里扑鼻的花香让他心头一热。办公桌上摆满了各种小礼物和写满感人肺腑话语的卡片，这些都是学生送给他的教师节礼物。"敬爱的蔡老师，感谢您一年多的照顾，我们这群知音愿和您一道度过高三的美好时光。""难忘您课堂上澎湃的激情；难忘您对我们的辛勤培育，虽然我们不是最优秀的，但我们是最努力的。"……

从教30年了，蔡老师常常能收到遍布在全国各地的学生祝福。在今年教师节前夕，蔡老师又收获了"全国优秀教师"荣誉。

蔡老师进入乐清中学教书的第一年，就当起了高三文科班教师。当天一进教室，他却发现教室的门上贴着"混班"两个字，后来了解到，这个班的学生没信心考上大学，想混到毕业为止。这让蔡老师很震惊，下决心一定要带好这群学生。此后，蔡老师每天坚持在学生早读课之前到学校，陪着学生们读书。看着老师如此认真，学生们有些愧疚，一个两个学生开始认真了，到春季师范招生时，有十几名学生考上了师范大学，这深深鼓舞了其他的同学。大家从此发奋读书，虽然仅过了短短一个学期，但这个"混班"学生的成绩却出奇的好。如今，他们中不少人成了律师、教授、领导干部……为此，当年蔡老师被评上了乐清第一届教坛新秀。

在蔡老师的教书生涯中，他始终坚信没有捂不热的石头，更没有转化不了的学生。1992届的一名学生小金是自费进入乐中的，当时，他父亲觉得他没考上乐中很丢脸，母亲则天天唠叨花了好几万元钱，这让小金有很大的心理压力，对学习也越来越没兴趣了，成了班级的后进生。蔡老师多次与小金谈心，终于了解到小金的心结，特地去他家家访。他把小金的想法与其父母进行沟通，这让他的父母很吃惊。此后，蔡老师不仅鼓励小金努力学习，还经常与其父母交流。在老师的帮助下，父母也转变了观念。小金的父亲每次出差，总会给他带回很多书，而其母亲也不再唠叨，这让小金放下了思想包袱。后来，小金考上了录取分数线比重点线还高30多分的医科大学，如今成了一名优秀的外科医生。

蔡老师始终相信，重要的不仅仅是成绩，学生的思想品德教育也是至关重要的。早在1990年左右，他就对班级管理体制进行了大胆改革，废除学生干部"终身制"，推行了"二月班长制"，然后让班长组成"内阁"，让更多的学生参与班级管理，不仅锻炼了能力，还增强了学生的责任感。有一年，一名纪律最差的学生当上了纪律委员，此后，他就不好意思再破坏纪律了，成绩也提高了。

案例中蔡老师认为学生的思想品德教育是至关重要的，他以自己的言行做表率，坚持以德服人、以德育人，坚信没有转化不了的学生，通过对学生的辛勤培育，蔡老师不仅得到学生的认可，也为广大教师树立了榜样。

那么，新时期教师如何"以德育人"呢？

（一）抓住德育契机，走进学生心灵

学校一切以育人为中心，时时刻刻、一草一木、一步一景、大小活动，都是育人环境，都是德育的契机。当然，我们更重视在教育教学工作中渗透德育，让学生能在充满"德"的氛围里如沐春风，渐渐成长为一个品德高尚的人。

学生如同小树，只有给树苗绑上固定的竹竿，它们才能笔直地成长；学生就像明镜，我们自己如何，他们就会如我们一样。因此，德育渗透尤其重要。"学高为师，身正为范""亲其师信其道""为人师表"等都是告诉我们，教师自身良好的道德素养、优秀的品质无时无刻不在对学生的心灵产生影响。

（二）正确指导学生，树立良好品德

品德是学生们最需要的东西，不是简单的一门课程，而是一种素质。德能凝聚人心，树立威信，鼓起信心，提高效率。在班级生活与学校活动中，学生之间发生冲突、口角乃至动手，都是常事。这时，教师首先要冷静、和蔼、严肃，应以最简单有效的话语和方式让学生明白下面几点："我"是不是错了？对方有没有错？"我"错在哪里，对方哪里错？"我"为什么不对？对方为什么也错了？"我"要怎么弥补这个错误？"我"下次遇到相同情况应该怎么做……以这几点为目的来让学生认识自己的行为，不仅可以对其进行道德判断的训练，而且可以提高他们的道德认识与道德评价的能力。

第三节 童心、爱心、责任心

一、童心

教师与学生之间存在着一定的年龄差，甚至可以说是"代沟"。所以学生的想法、说法、做法在一定程度上与教师的要求存在一定的差异。那一张张童稚的脸、一颗颗天真无邪的心，需要教师用心血去栽培、用汗水去浇灌、用爱心去包容，除此之外，还需要教师有一颗"童心"。

苏霍姆林斯基在《教育的艺术》中提到"只要人们没有做到以童年的欢乐吸引住孩子，只要在孩子的眼睛里尚未流露出真正的欢欣的激情，只要他没有沉醉于孩子气的顽皮活动之中，我们就没有权利谈论什么对孩子的教育影响"。为什么我就得不到他们的理解呢？为什么我与他们之间总是有难以沟通的隔膜？为什么他们对我的话总是半信半疑？如果作为教师的你也遇到过这种情况或正在为这种情况烦恼，那么，多多培养自己的"童心"吧。

大教育家裴斯泰洛齐曾这样深情地写道："我决心使我的孩子们在一天中没有一分钟不从我的面部和我的嘴唇知道我的心是他们的，他们的幸福就是我的幸福，他们的欢乐就是我的欢乐。我们一同哭泣，一同欢笑。"能够自然地与学生"一同哭泣，一同欢笑"的教师无疑会让学生视为知心朋友。童心天真、率直、好奇、可爱。学生童心的流露，教师应尽量正确地评价，积极引导，培植孩子们的学习、模仿、探索以及积极的创新思维。

陶行知多次告诫教育者："我们必须会变小孩子，才配做小孩子的先生。"教师在学生面前可以扮演很多不同的角色：严父、慈母、兄长、亲属、朋友……教师应当带着一份跟孩子一样的童心，扮演和学生一起"淘气"的朋友角色，再现学生淘气时的心理，让他们领受"初生牛犊不怕虎"的自信，领受他们"少年也有愁滋味"的丰富的内心世界，用童心点亮童心，让每一个孩子都成为独一无二的"自我"。

教师必须有一颗不泯的童心，通过童心教育达到心与心的接触、情与情的相融，碰撞出希冀的火花。著名特级教师于永正说："要蹲下来看孩子。"《新课程标准》就要求教师一改过去那种高高在上的角色。在班级管理过程中，应该站在孩子们的角度去看待和对待一切，"将心比心、设身处地"，在运用移情性的"学生观"时，自觉地进行"心理移位""移情体验"，用心去体察学生的思想感情，真正地理解学生。

【案例】

全国优秀少先队辅导员韩老师在教育中努力发现孩子们身上缺点的可爱性。韩老师曾在《彻底解放那些被冤枉的孩子》一文中举例分析说："一个低年级小学生家住三楼，家里水管坏了，她看到爸爸妈妈常到一楼提水，并很注意节约用水。有一天，她学习刷锅洗碗后，又坐在小板凳上，在锅里洗起脚来。爸爸妈妈一见，全都惊叫起来：'你怎么能在锅里洗脚呢？'那小女孩却回答说：'我洗完了碗，见锅里的水还很清，倒掉多可惜啊，就洗了脚嘛。'此类事例举不胜举。"

案例中韩老师的分析告诉我们孩子总是怀着善良的美好的动机去做事，渴望得到周围人的赞扬，寻求心理满足。但是，他们生理、心理发育还不成熟，考虑事情欠周到，常常把好事办成了坏事，这是很自然的。因此，教师把孩子们做的那些动机好效果坏的蠢事称之为"可爱的缺点"。只有童心才能理解童心，只有学会"儿童思维"，教师才能够发现学生缺点中的可爱之处，甚至智慧之处。

那么，教师怎样才能有一颗不泯的童心呢？

首先，教师要怀着儿童般的情感，带着微笑、持着平等、怀着包容去理解儿童的心灵世界。微笑能消除一切的隔阂，让孩子觉得亲切。平等便是你了解孩子的基石，包容能更好地与孩子沟通，走进他们的心灵。没有太多的说教，不带太多的严肃，无须太多的言语，不将他们的想法成人化，带着一颗童心走进孩子们的心田，与他们打成一片：在课堂上与学生共同讨论；课余时间与学生一道游戏；处理问题与学生相互商量……让每个孩子真切感受到你不是他们可怕的教师，而是他们最亲密、最知心的朋友。这样教师与孩子之间的沟通就会变得更加简单，孩子们也必定会更加喜欢与你亲近、与你交流，当真正抓住了孩子们的心之后，对于他们的管理就是事半功倍了。只要有一颗善良的、无邪的、纯真的童心，就一定能吸引住孩子们的眼光，抓住他们的心。

其次，教师要真诚地看待学生。不用有色眼光看人，用直接的、不拐弯的眼光真诚看待发生在孩子们身上的一切。真诚只能用真诚来唤起，正直只能以正直来铸造。正因为如此，卢梭在《爱弥儿》中告诫教育者："不要在教天真无邪的孩子分辨善恶的时候，自己就充当了引诱的魔鬼。"否则，用成人的冷漠去对待孩子的真诚，一切"语重心长"的教育都无济于事。

陶行知先生还有一段十分感人的话："您不可轻视小孩子的情感！他给您一块糖吃，是类似于汽车大王捐助一万万元的慷慨。他做了一个纸鸢飞不上去，是类似于齐柏林飞船造不成功一样的踌躇。他失手打破了一个泥娃娃，是类似于一个寡妇死了独生子那么悲哀。他没有打着他所讨厌的人，便好像是罗斯福讨不着机会带兵去打德国一般的怄气。他受了你盛怒之下的鞭挞，连在梦里也觉得有法国革命模样的恐怖。他写字想得双圈没得着，仿佛是候选总统落了选一样的失意。他想你抱他一会儿而您偏去抱了别的孩子，好比是一个爱人被夺去一般的伤心。"

因此，童心是当好教师所必不可少的"精神软件"，要让学生"亲其师，信其道"，教师必须有一颗不泯的童心。

二、爱心

爱心对教育的意义已经无须证明。在有关教师或教师素养的所有论述中，无一例外都会提到爱心。

只是说到爱心，我们往往只想到一些感人的事迹：老师重病在身，却依然坚持在讲台上；学生突然生病，老师背着学生直往医院跑；学生有困难，老师给他以经济资助……这些的确都是爱心的体现。

苏霍姆林斯基在《帕夫雷什中学》一书中，曾经深情地描述了他和学生们一起"水上旅行"的情景。他和孩子们想乘船经过水库驶入大河，然后登上某个荒无人烟的小岛，"可是我们没有船，于是我从新学年一开始就攒钱，到了春天，我就从渔民那里买来了两条船，家长们又买了一条船，于是我们的小船队便出航了。可能有人会想，作者想借这些实例来炫耀自己特别关心孩子。不对，买船是出于我想给孩子们带来快乐，而孩子们的快乐，对于我就是最大的幸福"。每次读到这里，笔者都怦然心动：这就是苏霍姆林斯基和孩子的"依恋之情"。

巴金有一句关于写作的话："文学的最高技巧，就是不讲技巧。"在这里，巴金并非反对一切技巧，而是想强调比起所谓技巧，真情实感更为重要。如果把这个观点移用到教师素养上来，似乎也可以这样说，对于教师工作来说，教育智慧当然是重要的，但比起一切方法、技巧、兵法、绝招来说，情感高于一切。

其实，类似的观点陶行知早就说过了。在重新学习陶行知教育思想时，先生有一段话特别震撼人们的心灵："要想完成乡村教育的使命，属于什么计划方法都是次要的，那超过一切的条件是同志们肯不肯把整个的心献给乡村人民和儿童。真教育是心心相印的活动。唯独从心里发出来的，才能打动心的深处。"

素质教育决不仅仅是教育技术层面的事，它首先是一种充满情感的教育，同样，教师工作也不仅仅是一种技巧的展示，而首先是教育者爱心的充分体现，是"心心相印的活动"。离开了情感，一切教育都无从谈起。

三、责任心

我们常说的责任心，当然是指对学生要有负责的精神。那么，什么叫"对学生负责"呢？这个问题似乎不应该有争议，其实不然。

比如有两类教师，一类是整天都守着学生：早操、早读、课间操、午休、做清洁卫生、晚自习，一直到寝室灯熄灭，教师都辛辛苦苦地"陪伴"着学生。这样的教师是不是负责任的教师？还有一类教师，并不时时刻刻守候着学生，而是着力培养学生的自律和自理的能力，他并不时时出现在教室里或操场上，但班上的纪律却很不错，这样的教师又是不是负责任的教师呢？

表面上看，这两类教师都是对学生负责。其实，第一类教师只能说是工作态度端正，却很难说是对学生真正负责。因为学生离不开他的守候，一旦没有了教师，学生就乱成一团糟，毫无自律意识和自我管理的能力，当着教师一套背着教师又是一套，渐渐形成双重人格；长大之后他将如何对待他人、对待社会，他是否真的会有出息？令人担忧。培养出这样永远离不开别人督促的学生，这样的教师能说是负责任吗？

而第二类教师，虽然没有随时守着学生，无论是自习课纪律还是清洁卫生，或者参加学校运动会、文艺表演等各种活动，学生能够做到教师在与不在一个样。这样的教师并不事必躬亲，甚至似乎还比较轻松（其实是潇洒），其实这才是真正负责任的教师，因为他们培养了学生自我教育和管理自己的能力，这种能力将让学生终身受益。当然，在班级刚刚建立的初期，教师对学生必要的细致训练、亲自监督也是必不可少的，但最终的目的是让学生自律、自理和自治。

因此，这里所说的责任心既是教师在日常点点滴滴的工作中，认真细致和决不敷衍地做好每一件事，更是着眼于未来培养学生良好的人格品质和行为习惯。一般来说，绝大多数教师并不缺乏前者，而对于后者则不是所有教师都能做到。

陶行知说："民主教育是教人做主人，做自己的主人，做国家的主人，做世界的主人。""今日的学生，就是将来的公民。将来所需要的公民，即今天所应当养成的学生。"

为国家培养现代公民，应该是每一位教育者的神圣使命，更应该是教师的自觉意识和行为。为什么要这样强调教师的自觉意识和行为呢？因为可以毫不夸张地说，教师每天在学生面前所展示的言谈举止，都会潜移默化地影响着学生的成长，进而影响着国家的未来。因此，教师的一言一行要特别谨慎、特别小心。教师今天怎么对待学生，明天学生就会怎么对待他人。

在这里，责任心的背后其实就是教育理想。更直接一点说，一个教师是否有真正的责任心，取决于他是否有教育理想。

在一个价值多元化的时代，不能够要求每一个人都能做同样的选择。换句话说，每一个人有权选择自己的生活方式和对职业的态度。中国教育也的确需要一批乃至一代把教育当作事业而不仅仅是谋生饭碗的教育者，尤其是每天和学生朝夕相处并潜移默化影响学生的教师。他们应该有直面现实的勇气，有超越苦难的精神，有披荆斩棘的双手，有遥望未来的眼睛，在他们的心中应该永远燃烧着教育理想主义之熊熊火炬。

第四节　精神感召力——威信

何谓威信？威信是个体在群体中所拥有的声望和信誉。在教育中，教师更需要有威信。

班级工作要顺利开展，需要教师有高度的威信。教师的威信是教师具有的一种感到尊敬和幸福的精神感召力量，它是教师人格、能力、学识及教育艺术在学生心理上引起的信服而又崇拜的态度。教师的威信主要来自两方面：一是教师的地位和作用、任务和职责所赋予的权威；二是教师自己的品德、才能、个性、作风所产生的使学生由衷信服的人格魅力。

古人云："有威则可畏，有信则乐从，凡欲服从者，必兼备威信。"有威信的教师，学生会心悦诚服地接受他的教育和劝导，做工作常常事半功倍；没有威信的教师，学生对他的劝导会置若罔闻，甚至产生不满和对立情绪，往往事倍而功半。

教师在学生心目中威信的获得主要不在于社会、学校给予了他多少权力，而应是在于教育活动中由于自身品质修养在学生心目中所产生的效应，即学生对教师具有的品德、智慧以及对教育事业的热爱与认真负责精神的折服。必须明确一点，威信并不是通过高压来让学生害怕、屈服而赢得的，而是让学生敬重进而信服。威信中的"威"是慑人的力量，但离开了"信"所包含的信任、信服、信誉等含义，再强大的慑人力量也起不了教育作用。

教师是一个班集体的组织者、领导者和教育者，是学生全面发展、健康成长的导师。

因此，要当好教师，建设好一个积极进取、活泼向上的班集体，顺利完成教育教学任务，完美地实现预期的目标，必须树立起教师的威信。

【案例】

一封学生给老师的信：

"老师，当您在课堂上忍不住向跟您顶嘴的学生发脾气的时候，我觉得您不过是仗着老师的地位来训斥学生。可是，当您在课堂上郑重地向同学们鞠躬检讨并把检讨书贴出来的时候，我立刻流下了眼泪，您与众不同！这是我读书六年来第一次看到老师放下架子向学生做检讨。您知道吗？同学们比以前更喜欢您了！您用自己的言行告诉我什么叫作真正的尊重、真正的公正！当时我就想连老师都有勇气做检讨，我们还有什么理由不去承担自己的责任呢？谢谢老师的勇气！"

原来，班主任老师得知王同学在当天下午的社会课上不停地插嘴，多次打断老师的讲课，还与同学讲笑话，以致老师未能讲完课，遂在班会上对这个同学提出批评。不料学生不停地否认，老师批评一句，他跟着辩解一句，弄得老师肝火上升，终于忍不住大发雷霆，用力拍打桌子："你是不是在家里跟父母顶嘴顶惯了？那么多人都指证你，你还要狡辩！你给我住嘴！"

全班学生因老师的突然发作惊呆了，那个男生也胆怯地闭上了嘴，可是他的脸上满是气鼓鼓的神态。老师看在眼里，却未再说什么，师生相对无言，仿佛在他们中间突然有了一堵墙。

第二天，老师经过冷静思考，觉得应该在全班做公开检讨，并把检讨书张贴在黑板一角。教师的检讨使全体学生震惊了，他们觉得教师更加可亲、可敬，更有威信了。

教师的威信并不是靠为师者倚仗自己的权势与地位来维系的，而是靠教师自己一致的言行来建立和维护的。

人非圣贤，孰能无过？即便是最有耐心的教师也免不了会出现控制不住自己情绪的时候，关键是当情绪发作之后怎么办。本案例中的那位教师也是在反复思考以后才有勇气站起来给一群稚气未脱的孩子们道歉，殊不知经此一举，这位教师的威信不仅没有下降，反而更高了，与孩子们的感情也更融洽了。

结合以上案例和中小学教师工作实际，教师树立威信应从以下三方面努力：

（一）不断用新的知识充实自己，做知识的富有者

教师的天职是"传道、授业、解惑"，而学生最不能原谅的就是教师的一知半解。在知识更新加快传播渠道多样化的今天，

教师已不再是学生获取知识的唯一途径。学生并不因为教师年龄比他大就信服和尊重教师，而是因为教师确实有知识才敬重和信任。教师如果没有真才实学是很难在学生中树立威信的。因此，教师必须不断用新知识充实武装自己，不仅要精通所教学科，还要熟悉所学专业的一切知识。

（二）努力加强品德修养，做学生的引路人

教师是各项工作任务的中间者和具体执行者，他的一言一行都对学生起着潜移默化的作用，都会在学生的心目中留下深刻的印记。教师要注意自身的修养，努力通过自己的言行举止、为人处世给学生以示范，做学生的榜样。苏联教育家申比廖夫曾说："没有教师对学生直接的人格影响，就不可能有真正的教育工作。"因此，提高思想道德水平，加强自身修养是对每位教师的基本要求。

（三）培养多种教育能力，做合格的人民教师

教师要具备的能力有很多，如观察、分析和判断能力，组织协调能力，个别谈话和谈心的能力，口头和书面表达能力，发现、培养和使用人才的能力，总结工作的能力，等等。但作为一名教师，首先必须体察学生的思想、情感、需求，捕捉学生的思想信息，把握他们的真实态度，以达知人知面知心的能力，应有启迪学生心灵的能力，应有教育和管理相结合的能力，应有较高的演讲和对话能力。

参考文献

［1］于漪. 志存高远，守护教育者的尊严［N］. 中国教育报，2007-09-23.

［2］梁启超. 饮冰室合集［M］. 北京：中华书局，1989.

［3］陈逖. 像马修这样睿智的老师［N］. 中国教育报，2009-04-06.

［4］张光圻. 巴尔扎克和他的老师［J］. 青年文摘（红版），1983（12）.

［5］陈琳. 另类绰号［J］. 河东教育，2007（4）.

附录：中小学教师职业道德规范

一、爱国守法。热爱祖国，热爱人民，拥护中国共产党领导，拥护社会主义。全面贯彻国家教育方针，自觉遵守教育法律法规，依法履行教师职责权利。不得有违背党和国家方针政策的言行。

二、爱岗敬业。忠诚于人民教育事业，志存高远，勤恳敬业，甘为人梯，乐于奉献。对工作高度负责，认真备课上课，认真批改作业，认真辅导学生。不得敷衍塞责。

三、关爱学生。关心爱护全体学生，尊重学生人格，平等公正对待学生。对学生严慈相济，做学生良师益友。保护学生安全，关心学生健康，维护学生权益。不讽刺、挖苦、歧视学生，不体罚或变相体罚学生。

四、教书育人。遵循教育规律，实施素质教育。循循善诱，诲人不倦，因材施教。培养学生良好品行，激发学生创新精神，促进学生全面发展。不以分数作为评价学生的唯一标准。

五、为人师表。坚守高尚情操，知荣明耻，严于律己，以身作则。衣着得体，语言规范，举止文明。关心集体，团结协作，尊重同事，尊重家长。作风正派，廉洁奉公。自觉抵制有偿家教，不利用职务之便谋取私利。

六、终身学习。崇尚科学精神，树立终身学习理念，拓宽知识视野，更新知识结构。潜心钻研业务，勇于探索创新，不断提高专业素养和教育教学水平。